Koihaltung 2023 -

Das aktuelle Praxishandbuch für Koiliebhaber

© 2023, Florian Wilhelm
Herstellung und Verlag:

BoD – Books on Demand, Norderstedt

Bibliografische Information der Deutschen Nationalbibliothek

Die Deutsche Nationalbibliothek verzeichnet diese Publikation in der Deutschen Nationalbibliografie; detaillierte bibliografische Daten sind im Internet über http://dnb.d-nb.de abrufbar.

ISBN: 978-3-7392-2976-8

1. Auflage – Februar 2019, 72 Seiten

2. Auflage – Januar 2020, 94 Seiten

-Überarbeitung aller Kapitel

-10 Neue Kapitel:

- Koiteiche im Wandel der Zeit
- Der optimale Standort
- Teichformen und Strömung
- Warum man Bodenabläufe nicht zusammenführen darf
- Wie dick muss eine Bodenplatte betoniert werden?
- Filterkeller oder Filterhaus
- Teichabdichtungen
- Teichabdichtung mit Dichtschlämme
- Koizucht in Deutschland
- Die Grundausstattung eines Koihalters

3. Auflage – Februar 2023, 111 Seiten

-Komplettüberarbeitung aller Kapitel

-7 Neue Kapitel:

- Faden- und Schwebealgen
- Luft-Wärme-Pumpen
- Teichabdeckungen
- Der 1-Kammer-Biofilter
- Hocheffiziente regelbare Teichpumpen
- Vorfilter im Detail
- Die Überwinterung von Koi

Danksagung

Mein Dank geht an H. T. meinen Teichmentor der ersten Stunde, ohne den ich zu diesem Hobby niemals Zugang gefunden hätte und auf dessen Hilfe ich immer vertrauen konnte. Weiterhin geht mein Dank an meinen Koifreund B. H. der mich nun seit geraumer Zeit durch die Koiwelt begleitet. Mein Dank geht natürlich auch an alle anderen die an der Erstellung dieses Buches direkt oder indirekt mitgewirkt haben und auch an meine Familie, die es sicher nicht immer einfach hat mit einem Koi-Besessenen in einem Haus zu leben. ☺

Inhaltsverzeichnis

Vorwort 7
Teichbau und Teichmanagement 9
    Koiteiche im Wandel der Zeit 10
    Der optimale Koiteich 11
    Das Teichvolumen und die Besatzdichte 13
    Ein Überblick der Kosten 15
        Investitions- und Unterhaltungskosten 15
    Der optimale Standort 19
    Teichformen und Strömung 21
    Der Filter des Koiteich 24
    Der 1-Kammer Biofilter 27
    Effiziente regelbare Teichpumpen 28
    Teichbau im Schnelldurchlauf 29
    Filterkeller oder Filterhaus 30
    Teichabdichtungen 31
    Teichabdichtung mit Dichtschlämme 33
    Schwerkraftsystem 37
    Der korrekte Rohrquerschnitt 39
    Warum man Bodenabläufe nicht zusammenführen darf 41
    Das Management des Teiches 42
Den richtigen Koihändler finden 45
    Das Alter der Fische 45
    KHV und CEV 47
    Koi-Auktionen und Online-Kauf 49
    Versand von Koi 51
    Händlervertrauen aufbauen 52

Koizucht in Deutschland	52
Das Thema Wasserwechsel	54
Umwälzungsrate und Teichströmung	56
Probleme bei der Ermittlung	56
Wodurch wird die Umwälzung beeinflusst?	56
Entwicklung der Umwälzungsrate im Laufe der Zeit	58
Die Überwinterung von Koi	59
Luft-Wärme-Pumpe am Koiteich	62
Warum heizen?	62
Die Kosten	63
Die Funktion	64
Faden- und Schwebealgen	65
Schwebealgen	66
Fadenalgen	67
Teichabdeckungen	68
Arten von Teichabdeckungen	69
Biofilme - die zweite Lebensform im Koiteich	71
Was bedeutet „Reifen des Teiches"?	73
Wie kann ich das „Reifen des Teiches" fördern?	75
Koifutter	77
Sink- oder Schwimmfutter	77
Die Pellet-Größe	78
Was ist gutes Koifutter?	79
Wieviel Futter sollte man geben?	82
Welche Faktoren begrenzen die Futtermenge?	84
Was ist Koifutter eigentlich?	86
Die Vergesellschaftung von Koi	87

Allgemeines zur Vergesellschaftung 88

Welcher Zeitpunkt ist beim Vergesellschaften ideal? 91

Das absolute No-Go 92

Das Thema Futterpause 92

Mit oder ohne Salz 93

Vergesellschaftung mit Quarantäne 94

Fische direkt zusetzen 95

So vergesellschafte ich selbst 96

Welche Probleme können beim Vergesellschaften auftreten? 97

Das Verhalten von Koi 98

Das Schwarmverhalten 99

Abliegen und Flossenklemmen 99

Einseitiges Flossenklemmen 100

Das Scheuern 100

Kiemenspülen 101

Das Springen 101

Schnappatmung 101

Die Grundausstattung eines Koihalters 102

Die entscheidenden Wasserparameter 104

Womit und wie oft messen 104

Die Interpretation der Parameter 106

Schlusswort 111

Vorwort

Entschließe ich mich ein Haustier zu halten, entschließe ich mich gleichzeitig Verantwortung zu übernehmen. Ich trage dafür Sorge, dass das Tier die korrekte sowie ausreichende Nahrung erhält, ich muss dafür sorgen, dass ein angemessener Lebensraum zur Verfügung steht und ich muss dafür sorgen, dass Krankheiten vorgebeugt oder diese zeitnah behandelt werden. Letzten Endes trage ich also die Verantwortung für alles was das Tier nicht selbst erledigen kann.

Leider gibt es dabei ein großes Problem, welches nicht nur Hunde, Katzen oder Pferde betrifft, sondern ebenso die Koihaltung. Es gibt keine einheitlichen Regeln wie diese Tiere zu halten sind. Ja, nicht einmal beim Import aus Japan gibt es genaue Vorgaben, wie mit einem Koi zu verfahren ist und wie die Dokumentation, ab dem Zeitpunkt des Erwerbes beim Züchter, auszusehen hat. Gerade im Bereich Koihaltung gibt es viele Weisheiten und Halbwahrheiten. Es herrscht teilweise eine Diskussionskultur zwischen einigen Koihaltern, die mehr einem Stammtischniveau gleicht, als einer fundierten Betrachtung von Fakten und Erkenntnissen.

Tatsächlich führen oft mehrere Wege zum Ziel, die jedoch von denen die sie ausüben, meistens als der einzig wahre Weg beschrieben werden. Es betrifft sowohl die Koihändler, als auch die Koihalter. Die Koihaltung unterliegt dabei gleich dutzenden Strömungen mit unterschiedlichen Ansätzen und Zielen. Nicht selten führt dies zu Streit unter den Lagern. Tatsächlich funktioniert nicht alles was der Nachbar mit seinem Teich macht, bei einem selbst genauso gut. Und so manche selbst gemachte negative Erfahrung, funktioniert woanders bereits seit 20 Jahren problemfrei.

Es wird oft und zu schnell etwas aufgeschnappt bzw. nachgebaut, bis man letztendlich feststellt, dass es doch nicht das Gelbe vom Ei war. So werden alleine in Deutschland jedes Jahr zigtausende Euro unnötig ausgegeben, weil auf die falschen Informationen vertraut wurde. Auch sollte man wissen, dass die Bezeichnung „Teichbauer" kein anerkannter Ausbildungsberuf ist. Schnell ist eine entsprechende Firma beauftragt, die den Teich errichtet. Im Nachhinein wird dann festgestellt, dass der Teich völlig ungeeignet für die Koihaltung ist. Leider erst nachdem er mit Wasser und reichlich Koi befüllt wurde.

„Ein Teich ist dann eben doch nicht automatisch ein Koiteich, nur weil sich Wasser und Koi darin befinden!"

Wenn ich Einsteiger in Sachen Koihaltung bin, stehe ich oft vor dem Problem, welcher Informationsquelle Vertrauen geschenkt werden sollte. Tatsächlich gibt es einiges an Literatur, die allerdings nach genauer Betrachtung längst überholt ist. Seit geraumer Zeit beschäftigen sich auch auf YouTube gleich mehrere Kanäle mit dem Thema Koi. Hier ist meiner Meinung nach viel Gutes dabei. Vor allem auch Aktuelles. Ich gehöre übrigens auch dazu. ☺

Doch ganz ohne Kritik geht es nicht. Wer bereit ist ein wenig Recherche zu betreiben, wird schnell feststellen müssen, dass gerade die Zugpferde der medialen Koiwelt nicht selten selbst Technik- oder Koihändler sind. Man mag es kaum glauben, aber jeder der davon lebt Koi und Teichtechnik zu verkaufen, wird zusehen das das eigene Geschäft und seine Produkte in den Vordergrund gerückt werden. Ich empfehle daher jedem einen sehr kritischen Blick auf solche Online-Angebote zu werfen und die darin getätigten Aussagen zu hinterfragen. Ein ganz wichtiger Punkt sind Referenzen. Egal ob es um Teichbau oder weiterführende Produkte geht. Ihr solltet immer nach langjährigen Referenzen fragen und euch diese zeigen lassen.

„Ich möchte, dass du als mündiger und zukünftiger Koihalter darüber nachdenkst, wem du dein Geld gibst und ob du alles dafür getan hast, dass es deinen Fischen langfristig gut gehen wird!"

Die nun nachfolgenden Kapitel enthalten Informationen zu allen aus meiner Sicht relevanten Themen, die man als Koihalter kennen sollte. Mit Sicherheit ist es kein allumfassendes enzyklopädisches Werk, aber die kurz zusammengefassten Infos können als Richtlinie für die erfolgreiche Planung sowie den erfolgreichen Bau und Betrieb eines Koiteiches herangezogen werden. Und sie ermöglichen es dir deine Tiere langfristig gesund zu halten und auch zu fördern. Die Infos beruhen auf Erfahrungen, die ich als YouTuber über die Jahre aus meinen vielen Teich- und Händlerbesuchen gesammelt habe, aber natürlich auch als privater Koihalter an meinem eigenen Teich, sowie aus vielen Teichprojekten welche ich für Kunden geplant und umgesetzt habe.

Teichbau und Teichmanagement

Um Koi zu halten braucht es einen Teich. Eigentlich logisch und nichts leichter als das, denken sich viele. Genauso sehen dann meist auch der eigene Koiteich und auch das Teichmanagement aus. Die Probleme sind vorprogrammiert. Also wie sollte ein Teich beschaffen sein? An welchen Eckpunkten macht man ein gutes Teichmanagement aus? Dies möchte ich in den nächsten Kapiteln erklären. Denn wer einen Koiteich planen möchte, muss dies immer im Gesamten tun. Hier liegt meiner Meinung nach einer der Kardinalfehler der sehr häufig gemacht wird. Die erwähnte Gesamtheit umfasst sowohl die Beschaffenheit des Teiches, als auch das später erforderliche Teichmanagement. Also den baulich-technischen Aspekt, als auch die Bereitschaft wieviel **Zeit** und **Geld** ich in den Betrieb des Teiches investieren möchte und welche Tätigkeiten ich als Koihalter regelmäßig durchführen und beherrschen sollte. Es kann großen Einfluss darauf nehmen, wieviel Spaß das Hobby später macht. Die meiste Arbeit sollte man daher immer in die Planung investieren. Gerade bei einem bereits errichteten soliden Koiteich sind Änderungen im Nachgang meist aufwendig und teuer, sofern sie sich überhaupt noch umsetzen lassen.

Koiteiche im Wandel der Zeit

Nachdem in den 90er Jahren ein regelrechter Koiboom entstand, flachte der Hype danach langsam wieder ab. Erst in den letzten Jahren nahm das Interesse an Koi, Koiteichen und anderen Themen rund um den Koi wieder stark zu. Ich denke dies ist auch auf die neuen Medien, Internetforen und diverse Gruppen in sozialen Netzwerken zurückzuführen. Diese Medienpräsenz gab es damals noch nicht. Heute sind Facebook und YouTube ein essentieller Bestandteil der Koiszene. Leider prallen im Internet oftmals zwei Welten aufeinander. Nämlich zum einen die derer Leute die bereits lange das Hobby ausüben, viel ausprobieren mussten und sich die Erfahrung mitunter durch Leid und verbrannte Euros verdienen mussten. Und die Welt derer, die bereits Zugriff auf weitreichende Informationen hatten und die Möglichkeit von vornherein auf moderne Filtertechnik und ausgewogenes Teichmanagement zu setzen.

Nichts desto trotz wurden natürlich auch schon vor 20 Jahren Koiteiche gebaut die heute noch erfolgreich betrieben werden, sofern einige Dinge beachtet wurden. Dabei geht es vorwiegend um essentielle Dinge, die damals wie heute beim Bau eines Koiteiches berücksichtigt werden sollten. Dazu zählen Bodenabläufe, eine gute Durchströmung und eine Filterung die aus einem Vorfilter und einem Biofilter besteht, in dem die Filtermedien gut angeströmt werden. Das was sich im Laufe der Zeit geändert hat, sind im Wesentlichen nur die verwendeten Materialien, einiges an neuer Technik und eventuell die Ansprüche der Koihalter, die aus diesem tollen Hobby keine Wissenschaft mehr machen wollen, oder die Möglichkeiten der Moderne schätzen.

Mit dem Markteintritt von Trommel- Vlies- und Endlosbandfiltern vor etlichen Jahren, haben bereits viele Enthusiasten ihre Teiche umgerüstet. Und nachdem vor wenigen Jahren auch die ersten PP-Trommelfilter auf den Markt kamen, wurden vollautomatisch abreinigende Vorfilter plötzlich, für fast jeden erschwinglich. Die Vorteile liegen eigentlich auch klar auf der Hand. Wo im Vorfeld noch alle paar Wochen der Bürstenfilter per Hand gereinigt werden musste, oder ein riesiger Vortex den Garten einnahm, erspart sich der Teichbesitzer heute viel Platz und Zeit. Eine richtig konzipierte Filterstrecke benötigt heute eigentlich kaum Zutun mehr. Eine langwierige und bei jedem Wetter anfallende Reinigung des Filters entfällt. Außer den jährlichen Wartungsarbeiten und gelegentlichen Kontrollen, ist ein moderner Koiteich keine Wissenschaft mehr und lässt sich auch für Anfänger oder ältere Menschen leicht managen. Natürlich nur dann, wenn einige grundlegende Dinge im Vorfeld berücksichtigt wurden.

Der optimale Koiteich

Es stellt sich die Frage, wie man sich einen optimalen Koiteich vorzustellen hat. Mal ganz abgesehen von den optischen Aspekten, sollten folgende Dinge an jedem Teich vorhanden sein: *„Die Fische schwimmen ruhig im kristallklaren Wasser. Sie fressen einem ohne Scheu aus der Hand. Der Filter des Teiches arbeitet leise und ohne manuelles Eingreifen. Die kurze jährliche Wartung erfolgt eher aus Vorsicht und der Stromverbrauch bewegt sich in Bahnen, die einen nicht weiter interessieren. In der kalten Jahreszeit können die Fische stressfrei bei 7-8 Grad überwintern und werden vor starken Tag- und Nachtschwankungen der Temperatur geschützt. Und alles worüber sich der Koihalter Sorgen machen muss, ist die nächste Futterbestellung."* - **So und genau so, sollte ein Koiteich funktionieren!**

Es ist wie ein großer Kreislauf. Alle genannten Dinge beeinflussen sich gegenseitig und führen in Summe zu einem Koiteich, der diesen Namen auch verdient. Das klingt eventuell leicht überzogen.

Doch genau hier liegt das Problem. Die fehlenden **Mindestanforderungen** an die Koihaltung führen dazu, dass sich viele halbgare Meinungen im Internet halten und das Verständnis sowie die Akzeptanz für den Bau und Betrieb eines soliden Koiteiches nachhaltig und negativ beeinflussen konnten.

So funktioniert ein Koiteich

Leider gibt es viele Teiche die augenscheinlich gut funktionieren, aber den ein oder anderen Baumangel beherbergen, der sich im schlimmsten Fall erst nach vielen Jahren zeigt. Solche Teiche, die oftmals kostengünstig errichtet wurden, positiv hervor zu heben, funktioniert in den ersten Jahren selbstverständlich gut und zieht Nachahmer an. Nur leider kommt das dicke Erwachen oft zu einem späteren Zeitpunkt, wenn sich herausstellt, dass die Technik mit dem angewachsenen Besatz völlig überfordert ist.

Koi sind Karpfen, das ist wohl wahr. Allerdings sind sie längst nicht mehr so robust wie das Gegenstück in freier Wildbahn. Wir haben es beim Koi mit einem hochgezüchteten Farbkarpfen zu tun, der vorwiegend auf die Merkmale Optik und Größe gezüchtet wird, aber nicht zwingend nach Robustheit. Diesen Fakt blenden manche oft aus und behaupten, dass Koi auch problemlos in Gartenteichen ohne viel Technik gehalten werden können. Ich frage einfach mal frei heraus:

„Hast du schon mal einen 6.000,- oder 12.000,- EUR teuren Koi in einem Gartenteich mit Pflanzenzonen gesehen? Ich nicht. Diese schwimmen ausnahmslos alle in professionellen Koiteichen. Und das aus gutem Grund!"

Das Teichvolumen und die Besatzdichte

Der gesamte Planungsprozess eines Koiteiches wird meiner Meinung nach maßgeblich von drei Faktoren bestimmt, die sich gegenseitig beeinflussen. Dabei ist es egal wo man anfängt oder aus welcher Perspektive man an die Planung seines eigenen Teiches herangeht. Deswegen muss man versuchen alle diese Faktoren in ein Gleichgewicht zu bringen. Das von mir entworfene Drei-Faktoren-Modell ist die einfache Möglichkeit für jeden Anfänger einen Koiteich in den Grundzügen zu planen. Es berücksichtigt das Teichvolumen, die entstehen Baukosten und die Anzahl der Fische, die in einem bestimmten Teichvolumen Platz finden sollten.

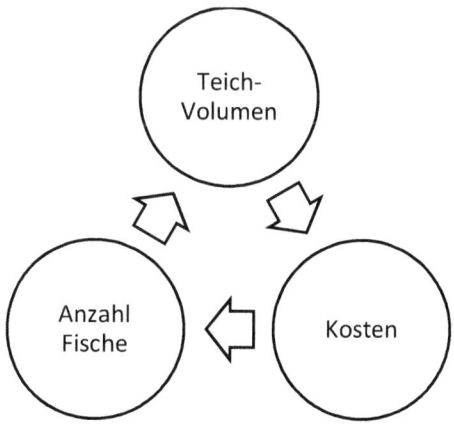

Das Drei-Faktoren-Modell

Der spätere Fischbesatz sollte mit dem Teichvolumen harmonieren. Übrigens, ein Teichvolumen von 15.000 Litern mit dem Besatz von fünf Koi stellt aus meiner Sicht, in der Outdoor-Koihaltung, das Minimum da. Hierbei handelt es sich aus auch um eine Frage des Tierschutzes. Die Fische brauchen Bewegungsfreiheit und gleichzeitig den Schutz einer Gruppe. Zu kleine Teiche und die Haltung sehr weniger Fische, führt zu anhaltenden Stress bei den Tieren, welcher Folgeerkrankungen nach sich ziehen kann. Ausgehend dieser Festlegung gebe ich nun zwei Formeln vor, mit denen man sich Teichvolumen und Besatzdichte errechnen kann.

Hat man eine Vorstellung des Teichvolumens, welches man erreichen möchte, eignet sich die folgende Formel um die Anzahl der Fische zu bestimmen, die für dieses Volumen Sinn machen. Ausgangslage ist eventuell eine begrenzte Fläche, die einem im Garten zur Verfügung steht und das Volumen von vorn herein festlegt.

Wunschvolumen in Liter – 5.000 Liter/1000 = **Anzahl der Fische**

Hat man keine Vorstellung vom Teichvolumen, aber eine Vorstellung wie viele Fische man mal halten möchte z.B., weil man es bei Bekannten gesehen hat wie es wirkt, wenn 20 Koi herum wuseln, kann man die zweite Formel verwenden.

(Anzahl der gewünschten Fische + 5) x 1.000 = **Teichvolumen in Liter**

Mit diesen beiden Formeln kann man nun selbst ausrechnen wie groß der Teich sein sollte, oder wie viele Fische im Teich sinnvoll gehalten werden können, wenn man absoluter Anfänger ist. Ich verweise hier allerdings nochmals darauf, dass ich ein Mindestvolumen von 15.000 Litern und ein Besatz von 5 Koi als das Minimum ansehe. Und man sollte bitte beachten, dass es sich bei den Formeln um eine Hilfestellung für all jene handelt, die überhaupt nicht wissen, wie sie beginnen sollen. Bei ambitionierter

Koihaltung und einer gewissen Erfahrung sind natürlich auch höhere Besatzdichten denkbar.

Ein Überblick der Kosten

Unter der Voraussetzung, dass man das Koihobby ernsthaft betreiben möchte, ist der Bau und Betrieb des Koiteiches mit einem gewissen finanziellen Aufwand verbunden. Das Koi-Hobby kostet nun mal Geld. Es ist aus meiner Sicht auch **kein günstiges Hobby**. Dessen sollte man sich im Klaren sein. Leider wird dies oft vergessen nachdem etliche kleine Fische in den Teich geworfen wurden und die laufen Kosten dann anfangen auszuufern. Die Größe und sowie technische Ausstattung eines Koiteiches richtet sich nach der Anzahl der gewünschten Fische und dem daraus resultierenden Teichvolumen. Sofern diese Dinge bekannt sind, wird es jetzt Zeit die Finanzen zu prüfen. Sollten diese den eigenen Horizont übersteigen, sollte man das Volumen oder die Anzahl der Koi überdenken. Dabei lassen sich die Kosten für einen Koiteich in zwei Bereiche aufteilen. Die **Investitionskosten** und die **Unterhaltungskosten**.

Investitions- und Unterhaltungskosten

Die Baukosten eines soliden Koiteiches betragen einige tausend Euro. Also hat man zu Anfang des Hobbys eine Investition die man tätigen muss und an der kein Weg vorbeiführt. Bevor ich auf die Zahlen eingehe, kann ich aus Erfahrung berichten, dass es immer wieder vorkam und kommt, dass der ambitionierte Koihalter von Verwandten oder Bekannten in eine Lage gebracht wird, in der er sich für die Investition rechtfertigen muss und wo eventuell auch im Vorfeld Selbstzweifel aufkommen. Es sind ja nur Fische und immerhin ist es ja nur ein Teich. Wie kann man denn so viel Geld dafür ausgeben? Ich sage dann immer, dass ein solider Koiteich und seine Bewohner eine Lebensdauer von teilweise über 20 Jahren haben. Außerdem beeinflussen ein Teich und natürlich die Koi einen Menschen im Grunde tagtäglich. Sie nehmen direkten

Einfluss auf das Wohlbefinden und die Psyche, da sie einen umgeben. Motorräder sowie Wohnmobile und andere Spielereien sind außerdem ganz sicher nicht günstiger in der Anschaffung und stellen letzten Endes nur einen materiellen Wert da. Also nicht verrückt machen lassen. Nun zurück zu den Kosten.

Zur besseren Übersicht habe ich Koiteiche in drei Kategorien eingeteilt:

Kategorie	Normale Teiche	Mittelgroße Teiche	Große Teiche
Volumen	zwischen 15 bis 30 m³	zwischen 30 bis 50 m³	ab 50 m³
Baukosten bei Eigenleistung	8.000 – 15.000 €	15.000 – 25.000 €	ab 25.000 €
Baukosten durch Fremdfirma	+50-100 %	+50-100 %	+50-100 %
Unterhaltungskosten	80-200 €	200-350 €	ab 350 €

Tabelle möglicher Investitions- und Unterhaltungskosten von Koiteichen

Wie man in der Tabelle erkennt, unterscheiden sich die Baukosten nicht nur innerhalb der drei Kategorien, sondern auch nochmal bei Durchführung des Teichbaus in Eigenleistung, oder durch eine Fremdfirma. Hier ist natürlich zu berücksichtigen, dass die Firma den Stundenlohn einberechnen muss und davon lebt. Die Werte stellen durchschnittlichen Baukosten für den Bau eines soliden Koiteiches für ambitionierte Koihaltung da. Und zwar nach dem aktuellen Stand der Technik. Natürlich sind bei der Auswahl der Materialien und Gestaltungsmöglichkeiten fast keine Grenzen gesetzt. Somit können die Zahlen in der Realität sowohl geringfügig nach unten, aber auch massiv nach oben variieren. Die Werte sollen aber vorerst jedem Interessierten einen Überblick geben, welche Investitionskosten Ihn in etwa erwarten könnten und mit denen sich der Bau eines Koiteiches realisieren lässt.

Selbst wenn Geld keine große Rolle spielt oder die Verlockung da ist, gibt es einige gute Gründe sich auf Teiche mit bis zu 30.000 Liter zu beschränken!

Teiche bis 30 m³ sind wesentlich einfacher im Management. Das bedeutet: Sie machen wesentlich weniger Arbeit, lassen einem somit mehr Freizeit und lassen sich vor allem effizienter heizen. Dadurch wachsen die Koi besser, sind seltener krank und am Ende hat der Koihalter insgesamt mehr Spaß an seinem Teich. Gerade die Unterhaltungskosten gehen meiner Erfahrung nach mit steigendem Besatz und mehr Volumen stark nach oben. Und das Erste woran der Teichbesitzer anfängt zu sparen, wenn es ihm zu teuer wird, sind dann ausreichende Wasserwechsel und andere Dinge die dafür sorgen, dass die Koi langfristig gesund bleiben.

„Daher empfehle ich es nicht nur, sondern bitte jeden angehenden Koihalter genau zu prüfen, ob er sich den Betrieb eines Teiches auch leisten kann."

Ein Koiteich kostet also monatlich Geld. Die Unterhaltungskosten wie Strom, Wasser, Futter sowie notwendige Behandlungen und Ersatzbeschaffungen treten ab dem ersten Tag der Inbetriebnahme, bis an das Ende der Nutzungsdauer auf. Ein richtig betriebener Koiteich benötigt 24 Stunden am Tag, für 365 Tage im Jahr Strom und jede Woche einige Kubikmeter Frischwasser. Der Unterhaltungsaufwand eines korrekt betriebenen Teiches bis 30 m³ Volumen, mit entsprechendem Besatz, beläuft sich daher grob gerechnet auf rund 80-200 EUR/Monat. Hier sind Ausgaben wie Behandlungen durch den Tierarzt noch nicht berücksichtigt, da diese unregelmäßig auftreten. Wie beim Bau des Teiches, kommt es auch beim Unterhalt ein wenig darauf an, mit welcher Ambition das Ganze betrieben wird. Auf jeden Fall darf man diesen Punkt nicht unterschätzen, da ein einmal laufender Teich mit Fischen nun mal nicht so einfach abgeschaltet werden kann.

Ich habe nun Möglichkeiten vorgegeben den Umfang eines Koiteich-Projektes abzustecken. Man kann sich die Größe des Teiches bestimmen, wie viele Koi darin gehalten werden sollten, wie er beschaffen sein sollte, was der Teich in etwa kosten kann und wie hoch die laufenden monatlichen Ausgaben ausfallen können und woraus sie sich zusammensetzen.

„Es gibt natürlich immer Menschen die behaupten, dass sie es anders oder günstiger hinbekommen können. Ich habe davon viele getroffen. Niemand besaß einen soliden und langlebigen Koiteich auf dem aktuellen Stand der Technik."

Fast alle die sich vehement gegen die hier von mir getätigten Aussagen aussprechen, halten Koi in Anlagen die eher Gartenteichen ähneln und besitzen Filteranlagen die entweder im Winter ausgeschaltet werden müssen, oder unter so hohem Risiko des Ausfalls stehen, dass eine beruhigte Fahrt in den Urlaub im Grunde nicht möglich ist. Tatsache bleibt, dass solche Teiche keine ambitionierte Koihaltung darstellen. Das Handeln ist entweder veraltet, oder ungeeignet. Es ist daher ein Handeln auf Glück und mit unkalkulierbaren Risiken. Und das auf Kosten der Koi, die sich dieses Leben nicht freiwillig aussuchen konnten. Solche Fehler sollte man bei einem Neubau im Jahre 2023 nicht mehr begehen. Selbst wenn dies bei einigen seit 20 Jahren im Gartenteich so funktioniert hat (**ein gern verwendetes Argument**), kann ich niemanden empfehlen so einen Teich nach zu bauen und darauf zu vertrauen, dass es auch bei ihm zu einem zufriedenstellenden Ergebnis führt.

Genau das ist der Grund warum ich in diesem Buch versuche gewisse Mindestanforderungen in der Koihaltung zu definieren. Die Fehler im Teichbau und im Management treten teilweise erst nach Jahren in Erscheinung und enden nicht selten in einer großen Katastrophe. Meist hat der Besitzer dann schon einen schönen Bestand aufgebaut. Die Tiere sind ordentlich gewachsen und zutraulich. Sollte es dann knallen, besteht nicht nur ein finanzieller Schaden. Nein, auch der emotionale Schaden ist dann ungleich höher und nicht selten werden Teiche nach so einem Desaster zugeschüttet, da Trauer und Frust der Koihalter sonst nicht in den Griff zu bekommen sind.

Der optimale Standort

Vielleicht hat man es schon einmal gelesen oder gehört; Ein Koiteich gehört so nahe an das Haus, wie nur möglich. Diese Aussage kann ich voll unterstützen. Bei einem Teich nahe dem Haus entstehen nicht nur für den Teichbesitzer, sondern auch für die Teichbewohner entscheidende Vorteile.

Ein ganz banaler, aber doch wichtiger Faktor ist der, dass der Teichbesitzer nur einen kurzen Weg hat um an den Teich zu gelangen. Das Koihobby motiviert zwar, aber der Mensch ist von Natur aus faul. Ich kenne es auch aus eigener Erfahrung, dass an manchen Tagen und Wetterlagen der Schritt nach draußen schwerfällt. Ist der Teich aber nahe am Haus und die Terrasse eventuell noch überdacht, reichen schon ein paar Schritte oder ein Blick aus dem Fenster, um nach dem Rechten zu schauen. Probleme werden also deutlich schneller erkannt. Es gibt aber noch einen weiteren entscheidenden Vorteil. Alle Ver- und Entsorgungsleitungen sind auf kurzem Wege realisierbar. Das spart bares Geld. Nicht selten ergibt sich auch die Möglichkeit den Teich gleich mit an die Hausheizung anzuschließen. Ich jedenfalls kenne genug Leute, die irgendwann an dem Punkt standen den ganzen Garten noch einmal umzugraben, nur um ein weiteres Kabel oder eine zusätzliche Leitung nachträglich einzuziehen.

Bei der Auswahl des optimalen Standortes sollte allerdings ein weiteres Kriterium mit einbezogen werden. Und zwar sollte ein Koiteich dort gebaut werden, wo er viel Sonne abbekommt. Sonne ist Leben. Und das gilt auch für unsere Koi. Nur durch ausreichend Sonne kann sich ein Teich erwärmen. Und nur wenn das Wasser lange Zeiträume im Jahr über 20 Grad erreicht, können die Fische wachsen, haben ein stabiles Immunsystem und der Koihalter Spaß mit ihnen. Oft hört oder liest man, dass vollsonnige Teiche Probleme mit Algen haben oder die Fische Sonnenbrand bekommen. Ja, es gibt anscheinend solche Fälle. Jedoch sehe ich die Lösung dieser Probleme an anderer Stelle. Algen entstehen durch Nährstoffüberschuss. Diesen kann man durch angepasste Fütterung, Besatzdichte und ausreichend Wasserwechsel entgegenwirken. Tatsächlich habe ich auch mit Teichbesitzern Kontakt gehabt, die Fische mit Verletzungen im Teich hatten, die einem Sonnenbrand nahekamen. Allerdings waren es manchmal nur Einzelfälle und nie alle Tiere betroffen. Genauso gibt es vollsonnige Teiche an denen noch nie ähnliche Symptome auftraten. Meiner zum Beispiel. Das ein Koi eine geschädigte Schleimhaut hat und anschließenden einen Bakterienbefall, kann man an keinem Teich ausschließen. Das muss aber nichts mit der Sonne zu tun haben. Wichtig erscheint mir, dass es Bereiche im Teich selbst geben sollte, die bei voller Mittagssonne einen Schatten werfen. Daher halte ich es auch für wichtig einen Koiteich ausreichend tief zu bauen, damit genügend Schatten von einer Teichwand geworfen werden kann. In diese Bereiche können sich die Koi dann nach Belieben zurückziehen. Und sollte es wieder erwarten doch zu Problemen kommen, die sich auf zu viel Sonneneinstrahlung zurückführen lassen, besteht immer noch die Möglichkeit einer nachträglichen Beschattung des Teiches, mit einem Sonnensegel. Nur ist es andersherum viel ärgerlicher, wenn man von vornherein einen im Schatten liegenden Teich gebaut hat. Dieser bleibt nicht nur im Frühjahr länger kalt, sondern kühlt auch im Spätherbst schneller ab. Gerade in solchen relativ lange kalt bleibenden Koiteichen, gibt es viel häufiger Probleme mit Parasiten die sich in den Übergangsmonaten schneller vermehren, als die Koi ihr Immunsystem hochfahren können. Nicht selten höre ich von solchen Teichen, dass dort im Grunde jedes Jahr gegen das ein oder andere behandelt werden muss und auch ein wenig Reue, seinen Teich absichtlich im Schatten gebaut zu haben.

Damit ist aus meiner Sicht die Standortfrage ausreichend beschrieben worden. Ein Koiteich sollte so nahe wie möglich an das Haus. Kurze Wege, schnelle Kontrollen und so viel Sonne wie möglich, sind hier die wichtigsten Stichpunkte.

Teichformen und Strömung

Zwei Themen welche aus meiner Sicht untrennbar miteinander verbunden sind, sind die Form des Teiches und die darin zu realisierende Strömung. Teichform und Strömung sind maßgeblich voneinander abhängig. Wasser hat nun Mal die Eigenschaft zu fließen. Und je mehr ich dieser Eigenschaft entgegenkomme, desto weniger Energie muss aufgewendet werden, desto besser ist der Schmutzabtransport im Teich und desto besser wird die letztendliche Wasserqualität sein. Ganz einfach ausgedrückt: runde Teiche sind die besten. Ja ok, aber wer möchte schon einen runden Teich haben? Ich z.B. nicht. Daher finden sich in der Realität auch nur sehr wenige runde Teiche. Diese sind zwar extrem gut zu bewirtschaften, entsprechen aber nur selten den optischen Ansprüchen der Teichbesitzer. Daher weichen viele auf die aus meiner Sicht zweitbeste Teichform aus. Das Oval. Sie bietet ebenso gute Strömungseigenschaften und sorgt mit ihren Rundungen dafür, dass sich das Wasser leicht im Kreis bewegen lässt. An dritter Position sehe ich rechteckige Teiche. Auch diese lassen sich noch einfach durchströmen, auch wenn die Teichecken bereits dafür sorgen, dass Turbulenzen entstehen, welche die Strömung stören und zu Ablagerungen führen können.

Runde, ovale und rechteckige Teiche also. Wirkt ziemlich nüchtern. Hier gebe ich grundsätzlich Recht.

„Aber man darf wiederum nicht vergessen, dass ein Koiteich nur einem Zweck dient: Und zwar der Haltung von Lebewesen und dem Ziel diese lange gesund zu halten!"

Diesen Fakt muss man sich manchmal wieder in Erinnerung rufen, da er immer an erster Stelle stehen sollte. Alles andere sollte nachrangig sein.

Und was ist mit den ganzen anderen Teichformen? Tja, die gibt es natürlich auch noch. Doch eines muss jedem klar sein. Je komplexer die Teichform gewählt wird, desto schwieriger wird es diese zu durchströmen. Dabei geht es vorwiegend um die richtige Platzierung von Bodenabläufen, Skimmern und die der Rückläufe in den Teich. Nur so lässt sich die Strömung beeinflussen und auch komplexere Teichformen managen. Alles ist möglich, aber mit entsprechend mehr Aufwand und eventuelle auch Budget verbunden. Daher tendiere ich immer zu einfach-praktisch-gut. Einen weiteren Punkt den viele bei der Ausführung von optisch sehr schönen aber komplexen Teichformen gerne vergessen, ist der Winterbetrieb. Denn tatsächlich gehört für den ambitionierten Koihalter eine Winterabdeckung bereits zum Stand der Technik. Ganz eindeutig haben hier die einfachen und rechteckigen Teichformen die Nase vorn. Auf einfache und schnelle Weise kann dort mit Doppelstegplatten eine Abdeckung aufgebracht werden. Teiche mit geschwungenen Formen oder Ausbuchtungen haben dagegen arge Probleme eine geeignete Winterlösung zu finden. Nicht selten bedeutet das eine unkontrollierte Überwinterung bei sehr niedrigen Temperaturen und hohen Schwankungen im Frühjahr oder Herbst. Also ein Risiko für die Koi, welches sich durch einfache Teichformen plus Abdeckung vermeiden ließe. Natürlich ist es nicht unmöglich auch solche Teiche, Jahr für Jahr zu überwintern, aber die Frage bleibt:

„Möchte ich eine kontrollierte Überwinterung für meine eventuell teuren Teichbewohner, oder setze ich absichtlich auf ein Risiko für Tiere die sich Ihren Lebensraum nicht ausgesucht haben?"

Um dem Ganzen mehr Vorstellungskraft zu geben, folgen nun Skizzen von den eben erwähnten Teichformen, sowie der Platzierung von Bodenabläufen und Rückläufen, wie man sie anordnen sollte. Die Skizzen zeigen den Teich jeweils aus der Vogelperspektive.

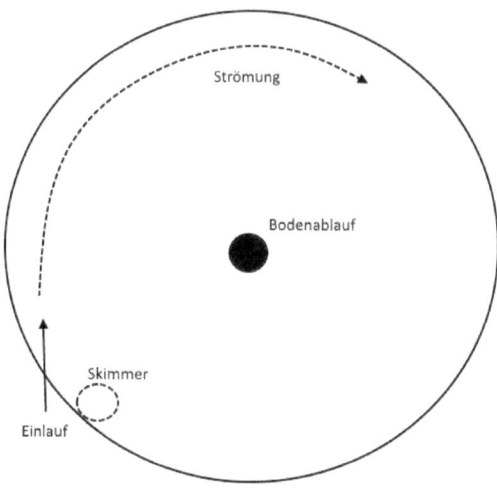

Skizze, Runder Teich bis circa 25.000l, 1 Bodenablauf, 1 Skimmer

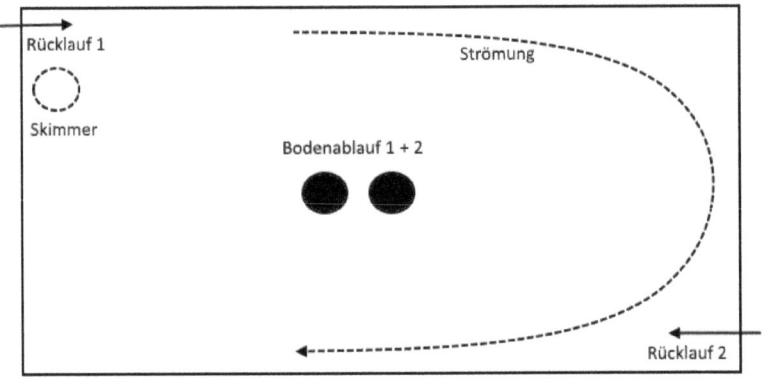

Skizze, Rechteckiger Teich (analog zu ovaler Teich) bis circa 35.000l, 2 Bodenabläufe, 1 Skimmer

Der Filter des Koiteich

Stellt euch die Filterung an Koiteich, wie eine Mini-Kläranlage vor. Vorne kommt die Kacke rein, und hinten soll sauberes Wasser wieder rauskommen. Eine klassische Kreislaufanlage. Und wie bei einer Kläranlage besteht die Filterung an einem soliden Koiteich aus mehreren Stufen. Und zwar grundsätzlich aus einem **Vorfilter** und einem **Biofilter**.

Der Vorfilter hat nur einen einzigen Job. Er soll das Wasser von groben Schmutzpartikeln vor- reinigen. Partikel, die sonst im Biofilter landen würden, um sich dort ab zu lagern.

Was würde passieren, wenn wir keinen Vorfilter hätten? Wir würden die Kacke im Biofilter so lange stapeln, bis wir einen Haufen Kacke haben der das ganze Filtermaterial zugesetzt hat. In diesem Moment entstehen Bereiche in denen nur noch Kacke existiert, aber kein Sauerstoff mehr. Dann entstehen Prozesse wie Faulung, was wir z.B. aus Faulgasanlagen kennen. Das ist nichts anderes als eine große Halle voll mit Kacke und ohne Sauerstoff. Wollen wir sowas in unseren Koiteich haben? Nein. Und deswegen brauchen wir einen Vorfilter.

Heute unterscheiden wir in zwei Arten von Vorfiltern. Die die ich händisch reinigen muss und die, welche sie automatisch ab reinigen können. Händisch? Na klar, das sind Bürstenfilter, Vortexfilter, Siebfilter und dergleichen. Sie teilen alle dasselbe Schicksal. Zu einem Zeitpunkt X muss jemand an den Teich laufen und die Kacke aus dem Filter rausholen. Das kann je nach Teich und Filter täglich, alle paar Tage oder Wochen sein. Denn sonst verstopft der Vorfilter irgendwann und läuft über, die Pumpen bekommen kein Wasser mehr, oder es hat sich so viel Kacke gesammelt das die Wasserqualität anfängt zu leiden.

Als Vorfilter empfehle ich für Outdoor-Teiche Trommelfilter oder Endlosbandfilter, die mit allen anfallenden Schmutzeinträgen in das Gewässer fertig werden können.

Und genau da kommen die sich automatisch abreinigenden Vorfilter ins Spiel. Sie machen genau das was der Teichbesitzer sonst selbst machen müsste. Sie fangen den kompletten Grobschmutz auf und transportieren Ihn aus dem Wasser heraus. Und das regelmäßig. Und von ganz alleine. Und vor allem mit so feinen Sieben, das wirklich kaum etwas übrigbleibt, was überhaupt noch in der Biologie ankommen kann. Ein riesiger Vorteil. Denn nun kann sich eure Biologie voll und ganz auf den Abbau von Ammonium und Nitrit konzentrieren da sich keine festen Bestandteile in Ihr ablagern und sie verstopfen. Und ich sag euch mal was. Diese Vorfilter sind so gut, dass ihr die Biologie selbst nach mehreren Jahren nicht mit dem kleinen Finger anrühren müsst um sie auch nur irgendwie reinigen zu müssen. Das Beste was euch passieren kann.

Ich sage immer der beste Biofilter ist welcher immer in Ruhe gelassen wird. Genauso wie ihr selbst. Auch ihr werdet in Ruhe gelassen. Denn der Vorfilter schützt ja nicht nur die Biologie, sondern auch euch vor unnötiger Arbeit. Denn er reinigt sich ja auch ganz von selbst. Alles was der Koihalter dann noch machen muss, ist sich mit den Fischen beschäftigen.

Anschließend kommt ein Biofilter mit bis zu 10 % des Teichvolumens. Die Verwendung von mindestens zwei unterschiedlichen Filtermaterialien sorgt für einen größeren Artenreichtum der Bakterien und stabilere Biofilme. Anteilig 70 % Japanmatten und 30 % Helix haben sich oft bewährt. Wo es möglich ist, empfehle ich zudem den ganzen Filter in einem separaten Filterhaus unterzubringen, da Wartung und andere Eingriffe somit jederzeit und wetterunabhängig realisierbar sind. Sollte es ein unterirdischer Filterkeller werden, ist ein bequemer Einstieg vorzusehen.

Nach dem Vorfilter braucht jeder Teich einen Biofilter. In diesem wird Filtermaterial eingebracht welches auf den Kubikmeter gesehen sehr viel Oberfläche erzeugt. Und die besiedelbare Oberfläche innerhalb des Teiches ist hier genau der entscheidende Punkt. Bakterien bauen die chemischen Abfallstoffe, welche die Koi ausscheiden, in ungiftige Stoffe um. Die Bakterien brauchen dafür eine Fläche auf der sie sich ansiedeln können. Und da Koi sehr viele Abfallstoffe ausscheiden brauchen wir auch sehr viel Fläche für sehr viele Bakterien. Die Teichwände oder Innenwandungen der Rohre reichen dafür nicht aus. Deswegen bringen wir in den Biofilter Filtermaterial ein, auf dem sich Bakterien ausreichend ansiedeln können. Das ist der einzige Job des Biofilters.

Um ausreichend Filtermaterial einbringen zu können rechnet man in der professionellen Koihaltung mit einem Filtervolumen von 10% in Relation zum Teichvolumen. Also bei einem 20.000 Liter Teich mit einem Biofilter von rund 2.000 Liter. Somit besteht ausreichend Platz für ausreichend Filtermaterial.

Der 1-Kammer Biofilter

Immer mehr im Trend und deutlich energieeffizienter sind sogenannte 1-Kammer Biofilter. Sie sind genau das was man auch hinter dem Begriff vermutet. Es ist eine einzige große Kammer an deren Ende das Wasser wieder in den Teich gepumpt wird.

In der Vergangenheit wurden weitestgehend Mehrkammer-Systeme gebaut, in denen das Wasser immer vertikal durch die Filtermedien geführt wurde. Diese haben auch heute noch ihre Berechtigung. Jedoch wird es immer wichtiger effiziente Koiteiche zu bauen. Und dort gibt es eigentlich nur eine richtige Variante. Erstens muss der gesamte Filter so nahe wie möglich an den Teich und zweitens sollte er als eine große durchgehende Kammer realisiert werden.

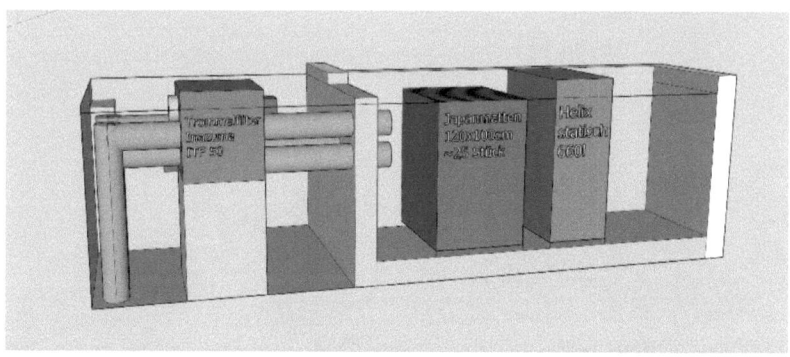

Schematische Darstellung, Trommelfilter mit Verrohrung und 1-Kammer Biofiltermit zwei Filtermedien

Weil 1-Kammer-Systeme keine Trennwände haben, gibt es auch keine zusätzlichen Widerstände für das Wasser, welche die Pumpenleistung beeinflussen. Man kann also mehr Wasser mit weniger Stromeinsatz bewegen. Weiterhin spart man sich Material für massive Zwischenwände und Rohre. Das Filtermaterial wird innerhalb so einer Kammer horizontal durchströmt.

Effiziente regelbare Teichpumpen

Ein Koiteich sollte annähernd einmal in der Stunde durch den Filter gepumpt werden. Um das zu gewährleisten braucht es Pumpen. Es gibt unglaublich viele Pumpen für Teiche. Für einen **effizienten** und **professionellen** Koiteich, kommt allerdings nur eine Variante in Frage. Eine Pumpe welche getaucht verwendet werden kann und dabei sehr effizient arbeitet, sowie regelbar ist. Seit Anfang 2021 gibt es die sogenannten Propellerpumpen. Mit ihrer Modellbezeichnung PP30-75 sorgten sie zuerst für etwas Verwirrung, zeigen in der Praxis aber das Sie Konkurrenzlos sind.

PP30-75 Propellerpumpe mit Edelstahlkorb und PP50-100L Propellerpumpe aus der ersten Serie ohne Schutzkorb

Die Propellerpumpen lassen sich nicht nur direkt auf ein DN 110 Rohr, oder einen DN 110 Flansch stecken, sondern sind durch ihre Kompakte Bauweise auch noch äußerst platzsparend. Trotzdem bieten Sie enorme Förderleistungen bei geringer Energieaufnahme. Bereits mit 30 Watt können Sie bis zu 15.800 Liter in der Stunde bewegen. Allerdings nur in einem Schwerkraftsystem, bei dem keine Förderhöhe überwunden werden muss.

Teichbau im Schnelldurchlauf

Koiteiche sollten mit möglichst steilen Wänden und einer durchgehenden Tiefe von mindestens 1,5 m gebaut werden. Gemauerte Wände aus Betonschalsteinen erleichtern später alle Arten von Teichabdichtungen. Jede Teichabdichtung ist denkbar. Von PVC-Folie, über PE-Platten, von Dichtschlämme bis zu einer aufwendigen GFK-Beschichtung. Die Teichform sollte gut durchströmt werden können, damit Dreck über die Bodenabläufe abtransportiert wird. Ovale oder runde Teiche stellen hier das Optimum da. Innenecken müssen abgeschrägt werden, um das Strömen des Wassers zu erleichtern. Komplexe Teichformen erfordern ein gut durchdachtes Strömungskonzept.

Eine Isolierung der Wände mit mindestens 4cm Styrodurplatten sorgt für geringe Temperatursprünge und das Halten der Temperatur in der kalten Jahreszeit. Eine Abdeckung für den Winter gehört zu einem professionellen Koiteich und sollten von Anfang an mit eingeplant werden. Einfache Teichformen lassen sich leichter abdecken. Ein Anschluss an die Trinkwasserinstallation des Hauses muss eingeplant werden. Am besten legt man diesen direkt in den Filterkeller.

Die Filteranlage ist in Schwerkraft auszuführen. Ein Koiteich benötigt Bodenabläufe, die vorzugsweise im Zentrum des Teiches angeordnet werden und mindestens einen Oberflächenskimmer. Alle Bodenabläufe und Skimmer sind mit DN 110 Rohren zu versehen, die einzeln in den Filter geführt werden. Kleinere Rohre sind zu vermeiden. Jeder Bodenablauf schafft im Schwerkraftbetrieb 10-12 tausend Liter und jeder Skimmer 7-10 tausend Liter. Somit kann man ausrechnen, wie viele Abläufe man bei seinem geplanten Teichvolumen benötigt. Beispiel: Teichvolumen 20.000 l = 1 Bodenablauf und 1 Skimmer. Teichvolumen 30.000 l = 2 Bodenabläufe und 1 Skimmer. Die Rohre sind möglichst auf kurzem Wege, möglichst auf gerader Strecke und mit wenigen Bögen zu verlegen. Wenn Bögen verwendet werden, dann sollten maximal 30 Grad Bögen verwendet werden um den hydraulischen Widerstand, der bei Bögen entsteht, gering zu halten. Die Rohrstrecken dürfen entweder nur Gefälle haben, oder nur Steigung, da sonst Hochpunkte auf der Strecke entstehen, in denen sich Lufteinschlüsse bilden. Orange KG-Rohre können verwendet werden. Grüne KG 2000 Rohre sind stabiler, aber auch wesentlich teurer. Geklebte PVC-Rohre sind ebenso möglich. Der Teich braucht zudem einen Überlauf der im Teich vorgesehen werden muss.

Der Teich braucht eine ausreichend dimensionierte Stromzufuhr mit mindestens 5x5,25 mm² Kabel. Das ist ein Kabel wie es für Starkstrom verwendet wird. Es wird ein Schaltkasten benötigt, der über Wasserniveau verbaut werden muss. Alle Steckdosen sind mit Schutzschaltern zu sichern. Ein FI-Schalter ist ebenso Pflicht. Am besten ist ein separat vom Haus getrennter Stromkreis zu realisieren, damit der Teich vollkommen unabhängig laufen kann. Elektroarbeiten sollten durch Fachpersonal durchgeführt oder abgenommen werden. Wer die Möglichkeit hat, sollte seinen Teich mit einem Wärmetauscher an die Hausheizung anschließen. Dies ist die günstigste Möglichkeit seinen Teich zu temperieren. Die Fische werden es mit Gesundheit danken. Zumindest empfehle ich einen Vor- und Rücklauf zum Teich zu legen um später an die Hausheizung gehen zu können, wenn man sich der Vorteile eines beheizten Teiches bewusst wird. Zur Belüftung des Teiches und des Filters werden Membranpumpen verwendet. Je nach Standort der Luftpumpen, sollten die Luftleitungen also vorsorglich verlegt werden.

Filterkeller oder Filterhaus

Den Luxus und die Bequemlichkeit eines solchen Hauses, lernt man erst zu schätzen, wenn man selber einen Filterkeller hat, in den man mühselig hineinsteigen muss. Wie man es auch dreht und wendet, bei jedem noch so gut geplanten Teich gibt es eine Bedingung: Und zwar liegt der Hauptteil der Technik unter

Wasserniveau oder kurz darüber. Das bedeutet, solange man keinen Hochteich hat, müssen alle Filterkomponenten in einen Filterkeller eingebaut werden. Der heißt so, weil er im Erdreich liegt und es nach unten geht. Filterkeller gibt es in vielen Ausführungen. Oftmals werden diese von einer Holzterrasse am Teich verdeckt, so dass man die Technik kaum wahrnimmt. Meistens sind die Filterkeller eng und nass. Das liegt daran, da oft platzsparend gebaut wird. Außerdem wirkt von oben der Regen und von unten Kondensation. Also meistens kein gemütliches Plätzchen. Es ist daher bei ebenerdigen Filterkellern darauf zu achten, dass die spätere Abdeckung nach Möglichkeit Wasserundurchlässig ist um zumindest Regen ab zu halten.

Im Winter bei zweistelligen Minustemperaturen ist mir übrigens schon mal das Holzdeck festgefroren. Ich konnte also nicht so einfach in den Filterkeller und musste diesen erst auftauen und dann mit einer Brechstange aufhebeln. Ein Punkt, der im Notfall sehr nervig sein kann.

Sollte kein Weg an einem Filterkeller vorbeigehen, empfehle ich dringend einen Einstieg vorzusehen, so dass man halbwegs bequem über eine Treppe hinabsteigen kann. Der Einstieg über eine Leiter ist zwar platzsparend, aber nicht ganz ungefährlich und mit den Jahren wird das Ganze auch anstrengender. Ein Filterhaus hätte hier den entscheidenden Vorteil, dass man als Teichbesitzer vollständig wetterunabhängig agieren kann. Die gesamte Elektronik, Membranpumpen, Schieber usw. können dann so angelegt werden, dass sie leicht zu erreichen sind. Am Ende macht es eventuell sogar Spaß sich um die Technik zu kümmern. Daher würde ich bei einem Neubau immer darüber nachdenken, ob sich nicht doch ein Filterhaus realisieren lässt.

Teichabdichtungen
Die Abdichtung des Teiches ist eine der essentiellen Entscheidungen, die ein Teichbesitzer treffen muss. Worauf soll er

vertrauen? Was ist langlebig, aber vom Preis attraktiv? Ich werde einige Möglichkeiten beschreiben und deren Vor- und Nachteile aus meiner Sicht erläutern.

PVC-Folie ist der Klassiker unter den Teichabdichtungen. Teiche mit PVC-Folie wurden und werden auch heute noch in überwiegender Anzahl gebaut. Einziger Nachteil ist, dass man berücksichtigen sollte, dass eine faltenfreie Verlegung bei komplexeren Teichformen meist den Profis überlassen bleibt. Hier sind spezialisierte Folienverleger gefragt, damit eine faltenfreie und glatte Verlegung erfolgt. Eine PVC-Folie ist in den überwiegenden Fällen in ein bis zwei Tagen verlegt. Nicht wenige Leute versuchen sich auch selbst an der Folienverlegung. Mit ein wenig Übung und möglichst geraden Teichwänden, habe ich auch schon Teiche gesehen die in Eigenleistung mit Folie ausgekleidet wurden. Wichtig ist vor allen Dingen keine Falten zu erzeugen und die Folie glatt einzubringen. Auch sollte unter der Folie ein Vlies eingebracht werden, welches die Folie vor Druckstellen durch kleine Steine oder Unebenheiten schützt. Die Haltbarkeit von PVC-Folien liegt laut Herstellerangaben in etwa bei 20 Jahren und manchmal auch darüber hinaus. Den größten Schwachpunkt stellt dabei der Bereich da, der dem direkten Sonnenlicht ausgesetzt ist und dabei nicht von Wasser bedeckt ist. Also der obere Teichrand, wo die Folie herausguckt. Die UV-Strahlung der Sonne sorgt hier langsam aber stetig dafür, dass die Weichmacher entweichen und die Folie unflexibel und spröde wird. Somit ist es auch nicht ohne weiteres möglich alte Folien zu flicken oder zu erweitern, da je nach Alter keine gute Verbindung mehr hergestellt werden kann. PVC-Folie wird entweder mit einem Heißluftföhn aufgeweicht und dann an die nächste Folienbahn gedrückt, oder mit einem Quellschweißmittel angelöst und dann mit dem nächsten Stück verbunden. Folienflansche und Bodenabläufe sind fast ausschließlich aus PVC gefertigt. Dort wird die Folie später einfach dran geklebt und mit einem Klemmring verschraubt.

Eine immer häufiger angewendete Methode ist die Abdichtung mit PE-Folie oder PE-Platten. Diese Art der Abdichtung ist extrem robust und langlebig. Die Lebenserwartung liegt bei bis zu 100 Jahren. PE lässt sich nur extrudieren. Es ist eine Schweißtechnik, bei der das Material miteinander verbunden wird. Der große Vorteil dabei ist nicht nur die enorme Stabilität, sondern auch die Möglichkeit immer wieder zu erweitern oder zu ergänzen. Selbst nach vielen Jahren lässt sich PE immer noch schweißen. Bei der Verwendung von PE können keine normalen PVC-Flansche oder Bodenabläufe verwendet werden. Hier wird oft mit speziell angefertigten PE-Muffen gearbeitet. Diese werden über das letzte Stück KG-Rohr geschoben und dann mit der Teichabdichtung fest zusammen extrudiert. Es gibt bereits Firmen die ganzen Teiche vorfertigen. Entweder in mehreren Bauteilen, oder sogar als komplettes Fertigprodukt. Die Bauteile brauchen dann nur noch vor Ort verschweißt werden. Komplette Teiche werden meist per LKW geliefert und mit einem Kran auf das Grundstück gehoben und in der Baugrube versenkt. Richtig versteift, sind PE-Teiche sogar selbsttragend und formstabil. Auch im Bereich der Filterung hat PE Einzug gehalten. Filterkammern lassen sich in fast jeder Ausführung herstellen. Egal ob mit Trennwänden oder anderen Dingen. PE macht es möglich. Natürlich sind das Material und der damit verbundene Aufwand höher und dementsprechend kostet eine PE-Auskleidung auch deutlich mehr als z.B. PVC-Folie.

Als letzte in diesem Buch beschriebene Möglichkeit seinen Teich abzudichten, werde ich etwas über Dichtschlämme erzählen. Da bereits selbst einen Teich damit abgedichtet habe und mehrere Kundenprojekte damit umgesetzt wurden, gibt es hier einiges zu berichten. Es ist eine eher unpopuläre aber sehr interessante Möglichkeit der Abdichtung.

Teichabdichtung mit Dichtschlämme
Seinen Koiteich mit Dichtschlämme abzudichten ist nichts Neues. Bereits vor über 15 Jahren wurden die ersten Koiteiche auf diese

Art und Weise abgedichtet. Ich möchte niemanden überzeugen seinen Teich damit abzudichten, aber ich möchte ein wenig Aufklärung betreiben und jedem die Möglichkeit bieten, sich mit diesem Thema auseinander zu setzen.

Ja, auch mein erster Teich wurde mit Dichtschlämme abgedichtet. Ebenso der Filter. Die Fische waren gesund und der Teich hat gut funktioniert. Zweistellige Minusgrade und Hitzeperioden hat die Abdichtung problemfrei überstanden. Ich konnte es ohne fremde Hilfe selbst machen und mit circa 8 EUR pro Quadratmeter, war es die für mich günstigste Lösung. Die Idee zur Dichtschlämme hatte ich mir bei einem auswärtigen Teichbesuch geholt. Der Besitzer hatte seinen Koiteich auch komplett in Eigenleistung gebaut und war so freundlich mir die Vor- und Nachteile seines Teiches zu zeigen. Zu den deutlich hervorgehobenen Vorteilen gehörte unter anderem die Abdichtung mit Dichtschlämme. Diese sah stabil aus und fühlte sich auch so an. Im Grunde wie eine feste Gummischicht. Der Teich war bereits einige Jahre in Betrieb und wirkte auf mich sehr solide. Der Teichbesitzer selbst hatte sich die Idee ebenso an einem anderen Teich geholt, der nach seiner Aussage noch wesentlich älter war. Inspiriert von der Ausführung habe ich mich auf die Recherche begeben. Gibt es noch andere Koiteiche die mit Dichtschlämme gebaut wurden? Und wie lange hält so eine Abdichtung eigentlich?

Tatsächlich musste ich feststellen, dass Dichtschlämme in der Koiszene eine unpopuläre Abdichtung ist. Meiner Ansicht nach liegt dies vor allem an der Problematik, dass die vielen Teichbauer und Folienleger daran nichts verdienen können, wenn jemand seinen Teich komplett selbst baut. Abschreckend auf manche Bauherren wirkt auch der Umstand, dass Baufehler gemacht werden können. Also ein Risiko, welches nicht jeder Teichbesitzer bereit ist in Kauf zu nehmen. Deswegen ist der Tenor in den einschlägigen Internetforen auch immer derselbe: „Dichtschlämme taugt nichts" und „lass die Finger davon". Ein weiterer wichtiger Aspekt bei

Dichtschlämme ist, dass man vermeiden sollte, dass der Teich zufriert. Eis und Dichtschlämme vertragen sich nicht gut. Der versierte Koihalter, lässt seinen Teich aber meist sowieso nicht unter 5-6 Grad fallen, daher schied dieser negativ Punkt für mich aus.

In den Tiefen der Internetforen gab es dann aber doch auch einige andere Berichte. Man muss eben nur tief genug graben. Dabei stößt man vor allem immer wieder auf einen Vorreiter namens Lobo. Bereits 2003 dokumentierte Lobo den Bau seines Koiteiches mit Dichtschlämme. Und davon kann sich jeder gerne selber überzeugen. Lobo hat den Bau nicht nur in einigen Foren dokumentiert, sondern auch in einem YouTube Video verewigt. Der Teich von Lobo wurde bereits 2003 gebaut.

In den letzten Jahren hat die Beliebtheit von Dichtschlämme wieder zugenommen. Nicht zuletzt durch meine Tätigkeit auf YouTube wurde wieder neue Teiche mit dieser tollen Abdichtung errichtet. Weiterhin habe ich in den letzten Jahren auch selber Projekte geplant und begleiten dürfen, welche auf Dichtschlämme als Abdichtung zurückgegriffen haben. Das Hauptkriterium für die Entscheidung zur Dichtschlämme war in fast allen Fällen der finanzielle Aspekt. Da eine Abdichtung auch bei größeren Projekten meist nicht mehr wie einige wenige hundert Euro kostet. Natürlich unter der Voraussetzung, dass der Teichbesitzer hier selbst Hand anlegen möchte und damit auch die Verantwortung übernimmt.

Natürlich wirkender Teich mit komplexer Form, Insel und eingelassenen Findlingen komplett mit Dichtschlämme abgedichtet

Ein weiterer großer Vorteil von Dichtschlämme ist die Möglichkeit jede Form zu verwirklichen. Voraussetzung ist und bleibt ein betonierter Untergrund mit ausreichend Armierung. Somit lassen sich Stützpfeiler, Inseln und eigentlich jede weitere Idee im Teich umsetzen, solange der Untergrund aus Beton besteht. Auf diesen wird die Dichtschlämme aufgetragen. Einige Teichbesitzer entscheiden sich die Betonwände nochmals zu verputzen um eine möglichst glatte Oberfläche zu schaffen. Dichtschlämme war damals und ist auch heute noch eine absolut zu empfehlende Möglichkeit um einen Koiteich zu bauen. Sie ist günstig, kann problemlos selbst verarbeitet werden, lässt sich schnell auftragen, ist faltenfrei, passt sich jeder Form an, ist fischverträglich, bietet eine ausreichend glatte Oberfläche, haftet auf PVC-Rohren und Bodenabläufen, lässt sich jederzeit mit einem neuen Anstrich reparieren und ist sehr langlebig. Aus meiner Sicht die perfekte Abdichtung. Natürlich nur solange man als Teichbauer bereit ist einen Teich zu betonieren, ein wenig Arbeit und Risiko nicht scheut und die Schlämme später vor Eis schützen kann. Übrigens werden

Dichtschlämmen schon seit Jahrzehnten im Bereich der Trinkwasserversorgung eingesetzt. Dort werden große Sammelbehälter damit ausgekleidet. Auch gibt es Produkte welche eine Zertifizierung nach DVGW haben. Einem Qualitätssiegel der Trinkwasserversorgung. Bei der Auswahl des richtigen Produktes, empfehle ich eine flexible Dichtschlämme zu wählen. In diese sind dann meist Fasern eingearbeitet die dafür sorgen, dass eine kleine Flexibilität der Abdichtung gewährleistet wird. Somit können kleine Setzungen oder andere Einwirkungen abgefangen werden, ohne dass die Abdichtung versagt. Einige Hersteller bieten auch Dichtschlämmen gegen negativ drückendes Wasser. Also Wasser, welches von außen gegen den Teich drückt. Auf jeden Fall eine interessante Alternative für Grundstücke mit hohen Grundwasserpegeln. Sollte jemand Interesse daran haben seinen Teich mit Dichtschlämme abzudichten, empfehle ich die Kontaktaufnahme zu einem Teichbesitzer, der dies bereits getan hat. Die besten Beispiele sind eben doch die, welche man sich einmal selbst vor Augen führt.

Schwerkraftsystem

Oft wird von einem Schwerkraftsystem am Teich gesprochen. Ein Schwerkraftsystem sollte bautechnisch immer angestrebt werden, da es mehrere Vorteile gegenüber einem rein gepumpten System bietet. Dabei kommt es oft zu Verwirrungen, da in beiden Varianten Pumpen verwendet werden, die für eine Wasserzirkulation genutzt werden. Ich versuche aufzuklären: In einem Schwerkraftsystem befinden sich alle Filterkomponenten annähernd auf Teichniveau. Das heißt auch der Wasserpegel im Filter ist annähernd derselbe wie im Teich. Es müssen daher kaum, oder nur sehr geringe Höhenunterschiede überwunden werden. Im Gegensatz zu einem gepumpten System, bei dem das Wasser an einem Punkt der Filterkette deutlich in die Höhe gepumpt werden muss, damit es dann von selbst wieder zurück in den Teich fließen kann.

Hierdurch zeigt sich auch gleich der erste Vorteil. Das hochpumpen von Wasser bedingt immer eine leistungsstärkere Pumpe, welche bei gleichem angestrebten Wasserstrom durch den Filter, im Gegensatz zum Schwerkraftsystem, immer wesentlich mehr Strom benötigen wird. Ein weiterer Vorteil eines gut gebauten Schwerkraftsystems ist, dass das Wasser von selbst durch die Bodenabläufe Richtung Vorfilter fließt. Es muss also nicht zum Vorfilter gepumpt werden. Durch einen minimalen Niveauunterschied zwischen Teich und Filter, im laufenden Betrieb, entsteht ein Differenzdruck. Das Wasser fängt an in den Filter zu strömen und durchläuft diesen wieder bis an zu dem Punkt wo die Pumpen stehen. Würden die Pumpen am Anfang der Filterkette stehen, kommen Schmutzpartikel mit dem Pumpenrad einer Pumpe in Berührung und werden zerkleinert. Dies stellt einen enormen Nachteil da, weil die somit erzeugten feinen Partikel viel schwieriger durch einen Vorfilter abgefangen werden können. Entweder muss ein sehr feiner Vorfilter gewählt werden, oder der Dreck wird sich über kurz oder lang im nachfolgenden Biofilter ablagern, oder sogar wieder komplett durch den Filter in den Teich gespült.

Bei einem guten Schwerkraftsystem befindet sich die Umwälzpumpe immer hinter dem Vorfilter und dann entweder vor der Biokammer, in der Biokammer oder noch besser ganz am Ende der Filterkette. Befinden sich die Pumpen ganz am Ende der Filterkette, können Sie direkt in den Teich drücken. Dadurch entsteht zusätzlich eine gute Strömung am Ausgang der Rückläufe in den Teich.

Ganz entscheidend bei allen Varianten ist das physikalische Prinzip der kommunizierenden Röhren. Wasser strebt immer einen Ausgleich an, wenn es sich in unterschiedlichen Behältern befindet, die miteinander verbunden sind. Drücken nun die Pumpen am Ende der Filterkette in den Teich, wird sich das Teichniveau erhöhen, während in der Kammer mit den Pumpen, der Wasserspiegel sinkt.

Durch den entstehenden Druck auf das gesamte System aus Teich und Filter, fängt das Wasser an durch die Bodenabläufe und den Skimmer zu fließen. Es erreicht den Vorfilter, bewegt sich durch den Biofilter und fließt dann am Ende wieder in die Pumpenkammer, von der es in den Teich gedrückt wird. Man spricht daher bei einem Koiteich auch von einem Kreislaufsystem.

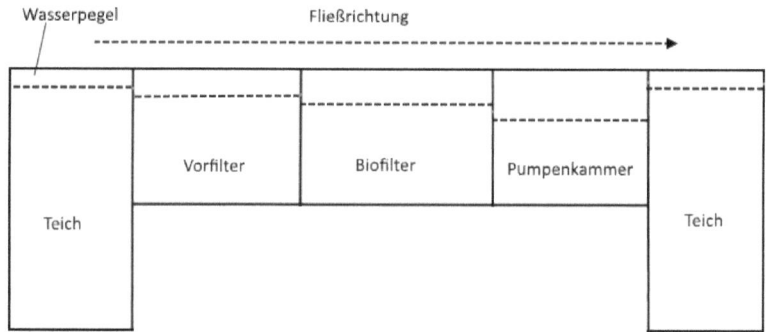

Pegel- und Fließschema eines Schwerkraftfilters

Der korrekte Rohrquerschnitt

Standardmäßig werden an Koiteichen DN 110 Rohre verbaut. DN 110 bedeutet ein Querschnitt von 110 mm oder umgerechnet 11 cm. Ein Standard auf den sich auch so gut wie alle Filterhersteller im professionellen Koibereich geeinigt haben. Daher haben auch fast alle Filter DN 110 Anschlüsse und Abgänge.

Über die Jahre wurden auch viele professionelle Messungen veranlasst die gezeigt haben, dass sich durch ein DN 110 Rohr in Schwerkraft leicht 10.000 – 12.000 Liter Wasser bewegen lassen. Davon ausgehend sind die Daten zu festen Größen geworden, so dass im Bereich der Planung für jeden Bodenablauf angenommen werden kann, dass er diese Wassermenge auch bringt. In manchen Situationen kann es nun notwendig sein, dass auch mehr Wasser bewegt werden muss, oder es mehr Sinn macht größere

Rohrquerschnitte zu verwenden. Möchte man nun herausfinden welche Wassermengen ein Rohr fördern kann, lässt sich dies leicht über den Querschnitt errechnen. Zugrunde liegt hier die Vorgabe das ein DN 100 Rohr 12.000 Liter Wasser in der Stunde, in Schwerkraft, fördern kann.

Rohr	Radius in mm	Querschnittsfläche in mm²	Anzahl in DN 110	Liter in Schwerkraft
DN 110	55	9.503	1,0	12.000
DN 125	62,5	12.272	1,3	15.496
DN 160	80	20.106	2,1	25.388
DN 200	100	31.416	3,3	39.669
DN 250	125	49.087	5,2	61.983
DN 300	150	70.686	7,4	89.256
DN 400	200	125.664	13,2	158.678

Ich habe die Berechnung in der dargestellten Tabelle festgehalten. Es lässt sich in der ganz rechten Spalte die Wassermenge ablesen und in der vorletzten Spalte die Anzahl der DN 110 Rohre, welche einem größeren Querschnitt entsprechen. Hier lässt sich z.B. auch schnell sehen das eine Häufige Fehlannahme vorliegt, wenn jemand denkt ein DN 200 Rohr wäre das Doppelte eines DN 110 Rohres. Ein DN 200 Rohr entspricht in Wirklichkeit 3,3-mal DN 110 Rohren. Möchte ich also dieselbe Menge Wasser wie ein DN 200 Rohr durch DN 110 Rohre fördern, brauche ich 3,3 Stück davon. Also eigentlich 4 Stück.

Warum man Bodenabläufe nicht zusammenführen darf

Gar nicht so selten und tatsächlich einer der Kardinalfehler beim Teichbau, ist das Zusammenführen von Bodenabläufen auf einem einzelnen Rohr. Das spart natürlich Platz und Material. Allerdings gibt es einen entscheidenden Nachteil, der häufig und im ersten Moment nicht gesehen wird. Wasser ist schlau. ☺ Es sucht sich immer den Weg des geringsten Wiederstandes. Da jeder Zentimeter Rohrwandung auch einen Widerstand für das Wasser darstellt, wird es bei einem System zusammengelegter Abläufe, immer den Bodenablauf bevorzugen, der näher zum Filter liegt. Ganz einfach, weil die Strecke kürzer ist und damit auch der Widerstand für das Wasser. Das bedeutet, dass der weiter entfernt liegende Bodenablauf deutlich weniger Wasser fördern wird. Im schlimmsten Fall, so gut wie gar kein Wasser.

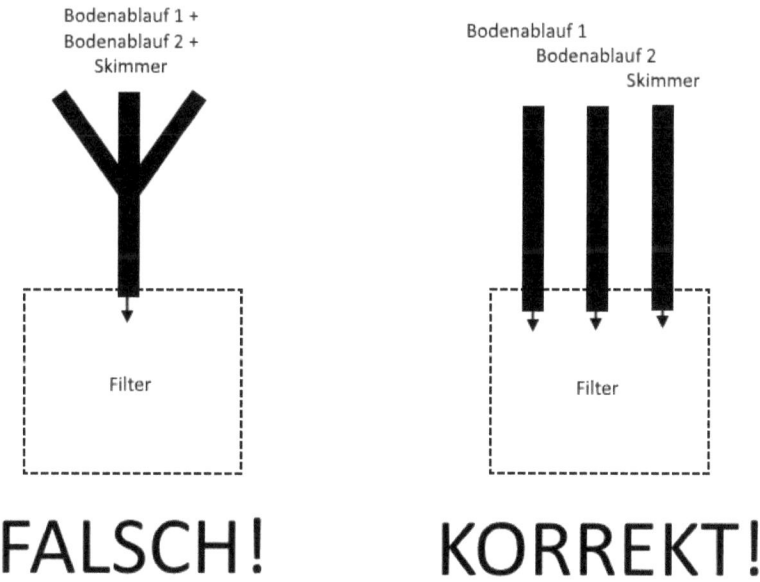

Schematische Darstellung von Rohrführungen zum Filter

Dasselbe gilt natürlich auch für Skimmer. Die denkbar schlechteste Konstellation ist ein System, bei dem Bodenabläufe und Skimmer auf einem einzelnen Rohr enden, welches zum Filter geführt wird. Da Skimmer einen gewissen Sog benötigen um überhaupt zu funktionieren, sucht sich das Wasser den Weg über den nächsten Bodenablauf und der Skimmer hängt in der Luft und tut nicht das, wozu er eingebaut wurde. Genau aus diesem Grund ist darauf zu achten, dass alle Bodenabläufe und Skimmer mit einem separaten Rohr in Richtung Filter geführt werden. Nur so kann später gewährleistet werden, dass auf jeder Leitung genügend Sog entsteht und der Schmutz effektiv aus dem Teich befördert wird.

Das Management des Teiches

Ein Koiteich sollte nicht mit Fischen überfrachtet werden. Ein 30.000 Liter Koiteich mit 12-20 Fischen ist gut besetzt. Diese Aussage basiert auf der Annahme, dass die Koi irgendwann einmal 70 cm erreichen und bei völligem Ausfall der Technik problemlos einige Stunden, eventuell Tage, überleben können sollten. Jeder Koi mehr im Teich, erhöht den Druck auf den Koihalter und die Gesundheit der Fische. Zudem spielt hier auch die Ästhetik eine Rolle. Viele Koi bringen Unruhe in den Teich. Ein großer Vorteil eines Koiteiches soll aber die Ausstrahlung von Ruhe sein, die man nur erreicht, wenn die Fische ihre Bahnen ziehen. Zudem lässt sich bei einem angepassten Besatz auch jeder Fisch einzeln und in Ruhe betrachten sowie genau inspizieren. Mit einiger Erfahrung und gewisser Risikoabsicherung sind natürlich auch höhere Besatzdichten denkbar. Und ich kann es auch völlig nachvollziehen, wenn man dem Reiz der Koi erliegt und sich eben doch noch einen (nur noch diesen Einen ☺) weiteren Koi in den Teich setzt. Natürlich spielt die persönliche Ambition hier auch hinein.

Einem Koiteich ist wöchentlich Frischwasser zuzuführen. Eine wöchentliche Menge von 10-20 % des Teichvolumens, halte ich für jeden Teich als praktikabel. Hierdurch werden viele Wasserparameter verdünnt, erneuert und stabil gehalten. Die wöchentliche Gesamtmenge sollte optimaler Weise in kleinen Portionen und mehrfach täglich zugeführt werden, um Schwankungen der Wasserparameter fast vollständig zu eliminieren. Sofern man es regeln kann, ist auch ein dauerhafter kleiner Zulauf eine Option. Alternativ ist aber auch ein Ablassen mit anschließenden wiederauffüllen möglich. 10-20 % klingt im ersten Moment viel. Immerhin kostet es ja auch Geld, sofern man keinen eigenen Brunnen betreibt. Es relativiert sich aber schnell, sofern es dabei hilft die Fische gesund zu halten. Ein auf Koi spezialisierter Tierarzt, der an den Teich kommen muss, kann nämlich einige hundert Euro kosten. Da ist so ein bisschen Wasser schnell vergessen.

Die Fütterung der Koi sollte dem Bedarf angepasst sein. Die Menge richtet sich nach der Größe der Fische und dem damit verbundenen Energiebedarf. Ebenso spielt die Teichtemperatur eine entscheidende Rolle bei der Menge der Futtergabe. Je nach Futter sind die Herstellerangaben zu beachten. Nicht selten werden Koi überfüttert und fettleibig. Allerdings kenne ich auch das Gegenteil, wenn zu wenig gefüttert wird und die Fische aussehen wie Hungerhaken und den Winter nicht überleben. Ein Koi sollte während der Sommermonate bis zu 1 % seines Körpergewichtes an Futter aufnehmen. Dann wird er gut wachsen und kann sich auf den kalten Winter konditionieren, bei dem er Reserven braucht.

Die Kontrolle der Fische sollte mindestens alle zwei Tage erfolgen. Die Kontrolle erfordert das genaue Beobachten der Tiere und Ihres Verhaltens. Gerade bei warmen Wassertemperaturen können kleine Verletzungen binnen sehr kurzer Zeiträume zu schwerwiegenden Infektionen führen, die den ganzen Bestand gefährden. Aber auch ein kurzer Check der Teichtechnik kann hier Koileben retten. Eine mit dem Smartphone gesteuerte Überwachung von Geräten und Wasserparametern ist heutzutage auch möglich.

Die Wasserparameter des Teiches sind in regelmäßigen Zeitabständen zu kontrollieren. Eine wöchentliche Kontrolle wird empfohlen. Die Parameter sind mit geeigneten Messmethoden zu bestimmen. Geeignete Messmethoden sind Tröpfchentest, diverse kalibrierte elektronische Messgeräte und Photometer. Die Messergebnisse sind zu dokumentieren um bei auftretenden Problemen recherchieren zu können, ob diese Einfluss auf die Probleme haben oder hatten.

Es wird empfohlen sich den Umgang mit einem Mikroskop anzueignen und einen Kurs zu besuchen, in dem man lernt Abstriche zu machen, um grundlegende Probleme der Koi im Bedarfsfall schnell bestimmen zu können. Andernfalls muss man bereit sein einen Tierarzt zu beauftragen.

Es sollte klar sein, dass diese Aufzählung nicht abschließend sein kann. Jedoch gibt sie einen groben Überblick auf welche Kriterien der spätere oder bereits ausübende Koihalter Wert legen sollte. Es sind meines Erachtens Mindestanforderungen, die jedem dabei helfen seinen Teich erfolgreich betreiben zu können.

Nachfolgend gehe ich nochmal etwas detaillierter auf grundlegende Gedanken zur Planung eines Teiches ein. Sollte bisher keine Erfahrung mit Koi bestehen, aber das Interesse an einem Koiteich vorhanden sein, kann einem das nachfolgende Modell bei der Planung unterstützen.

Was ist ein Teich ohne die darin lebenden Koi? Sicherlich kein Koiteich! Daher gehe ich im nächsten Kapitel darauf ein nach welchen Kriterien man den richtigen Koihändler finden kann und welche Probleme ich in der vertrauensvollen Auswahl des Händlers sehe.

Den richtigen Koihändler finden

Die deutsche Koibranche ist relativ klein. Es ist aus meiner Sicht ein Nischenmarkt, wenn man es mit anderen Branchen vergleicht. Fast jeder kennt hier jeden. Trotzdem gibt es eine nicht unbeachtliche Anzahl Koihändler und tatsächlich kommen auch jedes Jahr einige dazu. Natürlich verlassen einige den Markt auch wieder. Die Gründe dafür sind vielseitig. Die überwiegende Anzahl der Koihändler verkauft Fische übrigens im Nebenerwerb. Das muss für den Teichbesitzer nicht grundlegend schlecht sein. Allerdings sehe ich hier trotzdem schon das erste Kriterium, welches man genauer beachten sollte. Jemand der auf das Geld nicht angewiesen ist, also Koi nur verkauft um sich ein zusätzliches Einkommen zu generieren, oder weil er selber Liebhaber ist, agiert mitunter nicht so wie jemand dessen Existenz davon abhängt. Wenn es darauf ankommt sein tägliches Brot damit zu verdienen, wird jeder Händler darauf bestrebt sein den Kunden langfristig zufrieden zu stellen. Nichts ist für den Händler ärgerlicher, als wenn die Kunden Probleme mit den ausgehändigten Fischen haben, oder wenn die verkaufte Technik pausenlos streikt. Das kostet nicht nur Nerven, sondern auch jede Menge Zeit sowie Geld und ist auch für den Ruf nicht förderlich. Zudem würde ich einen Händler immer besuchen, mir ein genaues Bild der Anlagen und Fische machen und ausführliche Gespräche führen, bevor ich mich für einen Kauf entscheide.

Leider ist der Handel mit Koi kaum reglementiert. Es gibt daher auch viele schwarze Schafe unter den Händlern. Was genau das bedeutet? Aus meiner Sicht gibt es da mehrere Punkte auf die der Kunde kaum Einfluss nehmen kann und bei denen er dem Händler vertrauen muss. Das sind vor allem das Alter der Fische sowie die Untersuchungen auf KHV und CEV.

Das Alter der Fische

Das Alter der Fische hat für viele Koihalter entscheidenden Einfluss auf die Kaufentscheidung. Viele möchten ja auch, dass sich die Tiere gut entwickeln und vor allem noch wachsen. Daher sucht man natürlich nach möglichst jungen Tieren, die bereits eine gute Größe erreicht haben und in denen man noch Potenzial sieht. Doch wie kann der Kunde das Alter eines Fisches bestimmen? Im Normalfall kann er das gar nicht. Er ist damit auf die Angaben des Händlers angewiesen.

Tatsache ist, dass gerade in diesem Bereich viel betrogen wird. Somit kann es vorkommen, dass ein Händler bereits ältere Koi, die schlecht gewachsen sind, wieder als jüngere Tiere anbietet. Entweder werden die Koi so in Japan gekauft (dann hat ihn eventuell sogar der Züchter über das Ohr gehauen), oder es handelt sich um Koi, die bereits länger in der Anlage des Händlers schwimmen. Der Kunde kann in diesem Fall eigentlich nicht nachprüfen, ob der Fisch dem angegebenen Alter entspricht. Man kann sich als Kunde maximal an der Größe des Koi orientieren, welche dem Alter entsprechen sollte auch wenn das kein sicheres Kriterium ist. Schlecht wachsende Fische sind daher für manche Händler eine beliebte Möglichkeit, trotzdem gutes Geld zu verdienen. Der Kunde erhält letztendlich aber einen Koi, der Zuhause kaum bis gar nicht wachsen wird. Ein Umtausch ist ausgeschlossen. Der Händler wird zudem immer auf die Haltungsbedingungen beim Kunden verweisen, die dann natürlich nicht optimal waren, oder aber die Genetik des Koi, die sein Wachstum beschränkt, was sogar der eigentlichen Wahrheit entspricht. Nein, das trifft nicht auf alle Fische zu. Es gibt sie wirklich, die Koi, die sich nicht wie erwartet entwickeln. Allerdings gibt es auch wirklich Händler, die wie beschrieben vorgehen.

Ein Kriterium an dem der Kunde sich eventuell dennoch orientieren kann ist der Preis. Denn:

„Ein guter Koi, der wirklich Potenzial hat, wird niemals günstig sein. Er kann durch den Händler beim Züchter nicht günstig eingekauft werden und somit auch nicht günstig an den Endkunden verkauft werden."

Gute Koi kosten daher auch immer eine entsprechende Summe Geld. Und der Händler wird sich immer dagegen entscheiden einen guten Koi für einen Schnäppchenpreis zu verkaufen, selbst wenn er Platz braucht. Er wird ihn dann lieber behalten, das Potenzial nutzen um ihn wachsen zu lassen und ihn ein Jahr später eventuell für den doppelten bis dreifachen Preis anbieten. So in etwa ist die Wertsteigerung von Koi mit echtem Potenzial.

KHV und CEV

Das Koiherpes-Virus und die Schlafkrankheit CEV sind Krankheiten, die ganze Koibestände hinrichten können, wenn sie ausbrechen. Um dies zu vermeiden, gibt es bereits in Japan strenge Regeln bei der Ausfuhr von Koi. Die Tiere werden dort beprobt. Allerdings nicht jeder einzelne Koi, sondern meist nur Stichproben von Chargen oder Boxen mehrerer Koi. Und leider lässt sich KHV, sofern nicht ausgebrochen, eigentlich auch nicht feststellen. Die Fische können daher trotzdem Träger der Infektion sein. Bei CEV wiederum kann man davon ausgehen, dass fast 100% der importieren Koi damit infiziert sind. Dies wird sogar vorsätzlich getan und die Fische danach immunisiert. Somit sollte die Krankheit zukünftig nicht mehr ausbrechen. Eine 100 % Sicherheit gibt es aber auch hier nicht.

Die meisten Händler machen, wenn die Koi in Deutschland angekommen sind, nochmals eine eigene Quarantäne und eigene Proben. Entweder durch einen Tierarzt, oder selbstständig. Ich möchte gleich erwähnen, dass es dazu keine allgemeine Pflicht gibt.

„Ja, richtig gelesen. Nach dem Import gibt es keine allgemeine Pflicht die Koi auf KHV oder CEV beproben zu lassen. Hier spielen die Veterinärämter eine entscheidende Rolle. Mancherorts sind diese sehr streng und an anderer Stelle wissen sie nicht mal was ein Koi ist."

Daher wird dieses Thema nicht nur von Bundesland zu Bundesland, sondern sogar von Gemeinde zu Gemeinde extrem unterschiedlich gehandhabt. Eben nicht einheitlich. Und es gibt auch keine Pflicht, dass die Proben durch einen Tierarzt gemacht werden müssen. Sie dürfen vom Händler auch selbst entnommen werden. Der Händler macht die Proben in den meisten Fällen nur als Rückversicherung. Denn sofern ein Kunde bei ihm einen Koi kauft und im privaten Teich die Krankheit ausbricht, ist der Händler gut beraten, wenn er nachweisen kann, dass das Problem nicht von ihm stammt. Ansonsten muss der Händler den Fall dem Veterinäramt melden. Im Regelfall und bei eindeutigen Nachweis wird dann das entsprechende Becken, oder eventuell auch alle anderen Fische entsorgt. Natürlich sind dann auch weitere Teichbesitzer, an die Fische verkauft wurden betroffen. Also etwas das dann sicher kein Spaß mehr ist und erhebliche finanzielle Probleme mit sich zieht. Bei der KHV Thematik ist es zudem auch wichtig, dass die Fische nach dem Import in einer Quarantäne auf eine Temperatur von über 20 Grad hochgeheizt werden und gewissen Stress ausgesetzt sind. Nur dann besteht überhaupt die Chance, dass der KHV-Virus ausbricht und bei korrekter Probenahme im Labor festgestellt werden kann.

Die entnommenen Proben werden anschließend in Labore eingeschickt und dort untersucht. Auch hier gibt es Unterschiede. Es gibt zertifizierte und nicht zertifizierte Labore für die Untersuchung auf KHV. Und die „nicht" zertifizierten dürfen trotzdem die Proben untersuchen? Ja, richtig. Es gibt keine Pflicht für die Zertifizierung. Leider gibt es auch keine Sicherheit, dass ein Fisch trotz negativem Befund nicht doch Träger des Virus ist. Denn je nach Art und Weise der durchgeführten Quarantäne und dem Zeitpunkt der Probenahme lässt sich das Virus nachweisen, oder eben nicht. Abschließende Gewissheit würde meist nur ein töten eines Koi bringen, so dass man verschiedenste Innereien beproben kann, in denen das bis dato inaktive Virus eventuell sitzt. Und selbst dabei sind Fehlanalysen möglich.

Nach erfolgter Beprobung bekommt der Händler ein Zertifikat, welches mitunter den Negativbefund aufzeigt. Wie erwähnt werden aber auch beim Händler nicht alle Fische beprobt, sondern wenn überhaupt nur wenige aus einem Becken. Somit besteht mitunter gar kein Zusammenhang mit dem Laborergebnis und dem Fisch, den ich letztendlich beim Händler kaufen will.

Ich denke bereits an diesem Punkt merkt man, dass es an einheitlichen Standards beim Import von Koi Karpfen fehlt. Oder besser gesagt keine 100 % Sicherheit für den Kunden hergestellt werden kann. Für den Kunden entstehen Risiken, die er ohne Hintergrundwissen kaum bis gar nicht abwägen kann. Er ist dem Koihändler daher auf gewisse Weise ausgeliefert. Daher ist mein Tipp an dieser Stelle, beim Händler immer explizit nach KHV und CEV Untersuchungen nachzufragen und sich den Quarantäneablauf erklären zu lassen. Sollte der Händler hier bereits Probleme haben Auskunft zu geben, würde ich von einem Kauf absehen. Ich möchte allerdings nochmal wiederholen, dass es keine 100 % Sicherheit in dieser Sache gibt. Das Einholen so vieler Sicherheiten wie möglich empfehle ich aber ausdrücklich, bevor man sein Hobby mit einem Negativerlebnis beginnt oder seinen bereits bestehenden Bestand an Koi gefährdet.

Koi-Auktionen und Online-Kauf

Aktuell sehr beliebt sind Online-Koi-Auktionen. Ein Trend der von immer mehr Händlern aufgegriffen wird. Der Kunde kann auf einen Fisch bieten und dabei ein vermeintliches Schnäppchen machen. Ab und an klappt das auch wirklich. Ich selbst habe auch schon an solchen Auktionen teilgenommen und dort Fische ersteigert. Trotzdem sehe ich darin auch Nachteile die man berücksichtigen sollte. Meistens kauft man die Koi auf Grund eines oder mehrerer Bilder. Selten gibt es auch ein kurzes Video zu dem jeweiligen Fisch. Meiner Erfahrung nach wirken die meisten Koi in Realität allerdings anders. Farbe und Form können optisch abweichen. Bilder und auch Videos können heute ohne Probleme manipuliert werden. Und auch die Lichtverhältnisse während der Aufnahmen können den Eindruck verfälschen. Weiterhin unterliegen diese Auktionen einem gewissen Reiz, was oft dazu führt das einige Koi regelrecht nach oben geboten werden und am Ende alles andere als ein Schnäppchen sind. Nicht selten liegt der Endpreis dann weit über einem realistischen Preis, welchen man im Laden gezahlt hätte. Ich selbst habe schon viele Auktionen mit verfolgt. Etwas das mir dabei immer wieder auffällt sind unrealistische Gebote. Natürlich gibt es Liebhaber, die genau diesen einen Koi besitzen möchten und alles dafür ausgeben würden. Allerdings gibt es auch so etwas wie einen durchschnittlichen Marktpreis den man an den Qualitätskriterien eines Koi durchaus festmachen kann. Mir als Kunde bleibt es ja leider verborgen wer alles auf einen Koi bietet. Das können unter anderen auch Spaßbieter sein, die den Preis hochtreiben und dann vom Kauf zurücktreten. Aber natürlich wäre es auch denkbar, dass der Auktionator im Hintergrund selbst mitbietet oder bieten lässt. Das sind natürlich alles nur Behauptungen meinerseits ohne Beweise. Weiterhin muss sich derjenige der Auktionsfische kauft klarmachen, dass er der Möglichkeit entgeht direkt im Laden mehrere Fische zu kaufen, was oft dazu führt, dass sich ein Paketpreis aushandeln lässt. Als letzten Punkt möchte ich anmerken, dass das Erwerben in einer Auktion dann doch eher eine Art Herabwürdigung der Tiere auf das Niveau eines Gegenstandes ist. Man muss sich diesem Gedankengang nicht hingeben, aber erwähnen sollte man es trotzdem.

Ist man also bereit das Risiko in Kauf zu nehmen sind Auktionen aber grundsätzlich in Ordnung. Ich würde trotzdem jedem raten ersteigerte Koi selbst abzuholen, oder nach der Auktion besichtigen zu gehen. Somit lassen sich unliebsame Erfahrungen im Nachgang vermeiden.

Versand von Koi

Es gibt zwar zertifizierte Tierversender, aber bei auftretenden Problemen während des Transports hat man selbst, wie auch der Händler, keinen Einfluss auf das Wohlbefinden der Koi. Weiterhin sind die Tiere meist über Nacht unterwegs und damit viele unnötige Stunden die sich vermeiden lassen, wenn man die Fische selbst abholt. Ein kurzer, schneller Transport kann viel Stress von den Tieren nehmen, welcher sich negativ auf die Gesundheit auswirken kann. Weiterhin kommt hinzu, dass Fotos und auch Videos nur Momentaufnahmen sind. Es kann also passieren, dass sich ein Koi ab dem Zeitraum des Erwerbs bis zum Tag des Versandes verändert hat. Auch der Gesundheitszustand ist vor einem Versand nicht durch den Käufer einzusehen. Sobald man erst mal einen kranken oder verletzten Fisch zuhause hat, ist es eigentlich schon zu spät. Vor allem wenn man keine separate Quarantäne hat, bleibt einem nicht viel übrig, als den Fisch in den Teich zu setzen, was am Ende den ganzen Bestand gefährden kann.

„Daher ist meine Empfehlung ganz klar der Kauf vor Ort. Hier hat man den einzig echten Eindruck und kann sich sowohl vom Aussehen, als auch vom Gesundheitszustand eines Koi überzeugen."

Zumindest bei unbekannten Händlern zu denen man noch kein Vertrauen aufbauen konnte, wäre ich der Versandoption gegenüber vorsichtig.

Händlervertrauen aufbauen

Trotz der bisher weitestgehend negativen Aspekte, die ich aufgeführt habe, gibt es natürlich trotzdem auch die andere Seite der Medaille. Es gibt super kompetente, ehrliche und nette Koihändler, die sich gut um die Fische und auch die Kunden kümmern. Und ein wesentlicher Punkt im Koihobby ist meines Erachtens der, dass man zu einem guten Händler Vertrauen aufbauen sollte. Doch wie mache ich das? Wie in anderen Lebenslagen ist es auch im Koihobby immer ein Geben und Nehmen. Das gilt sowohl für den Koihalter, als auch die Koihändler. Hat man die ersten guten Erfahrungen mit einem Händler gemacht, empfehle ich auch weiterhin bei diesem zu bleiben. Denn genau jetzt beginnt der Part, den ich als Vertrauensaufbau bezeichne. Je mehr Koi man bei einem Händler kaufen wird, desto größer ist die Wahrscheinlichkeit, dass auch der Händler ein Potenzial in euch als Stammkunden sieht. Ihr werdet selbst merken, dass man mehr Gespräche führen wird, weiterführende Informationen rund um das Koihobby erhält und natürlich auch viel schneller Hilfe, sollte doch mal ein Problem vorliegen. Mitunter bekommt man sogar besondere Angebote und auch vorteilhafte Preise in der Zukunft. Als Stammkunde profitiert man also letztendlich nicht nur selbst, sondern auch der Händler. Es ist daher für beide Parteien eine Win-Win-Situation die Vertrauensbasis langsam aber stetig auf- und auszubauen.

Koizucht in Deutschland

Ein Thema das so langsam immer mehr Fahrt aufnimmt, ist die Zucht von Koi in Deutschland. Witziger Weise wird das Thema immer unter dem Titel „Nachzuchten" abgehandelt. Doch was sind Nachzuchten eigentlich? Wenn man einen weiblichen und einen männlichen Koi aus Japan nimmt und deren Nachkommen in Deutschland schlüpfen, sind es dann deutsche oder japanische Koi? Ich würde sagen Staatsbürgerschaft deutsch, Eltern japanisch ☺.

Im Grunde sollte diese Frage völlig egal sein. Am Ende zählt bei Koi nur eines. Und zwar die Qualität. Wenn wir das Thema natürlich sehr ernst nehmen und sehr viel Wert darauf legen das der Koi unbedingt aus Japan importiert sein muss, dann ist es halt so. Wenn ich aber jemand bin der einfach qualitativ gute Koi mag und dafür mitunter kein Vermögen ausgeben möchte, dann darf ruhig mal ein Blick auf die Zucht in Deutschland geworfen werden. Gerade bei den einfarbigen Varietäten wie Chagoi und Karashi gibt es in Deutschland durchaus beachtliche Zuchterfolge. Aber auch Kohaku und Showa werden immer besser und wenn man es mal genau nimmt, dann reden wir hier über Tiere, die in fast allen Fällen dem entsprechen was sich ein Deutscher Koihalter wünscht oder leisten mag. Alles was sich im High End Bereich abspielt bleibt dann den Japaner überlassen und einigen wenigen Deutschen, die auch vom Budget enthusiastisch veranlagt sind. Ich selbst habe schon Koi gesehen die qualitätstechnisch den japanischen in nichts nachstanden. Ich behaupte sogar, dass es Fische auf top Niveau gibt, welche man in Japan nur äußerst selten erwerben kann und wenn, dann nur unter hohem finanziellem Einsatz. Und das Beste an Koi aus Deutschland: Sie waren sogar deutlich günstiger als Ihre japanischen Kollegen! Wie kann das sein? Man darf nicht vergessen, dass der Import von japanischen Koi mit einigem Aufwand verbunden ist. Eine teure Japanreise, Frachtkosten und eine lange Quarantäne beim Händler kosten einfach Geld. Dies fällt, bei in Deutschland gezüchteten Koi, alles weg. Ein Preisvorteil, den der Züchter also an seine Kunden weitergeben kann. Tatsächlich habe ich selbst schon mehrere Fische deutscher Züchter und bin mit diesen mehr als zufrieden. Meiner Meinung nach wird dieses Thema in den nächsten Jahren weiter Fahrt aufnehmen und ich bin gespannt, wie sehr sich die in Deutschland gezüchteten Koi am Ende durchsetzen können.

Das Thema Wasserwechsel

Koi brauchen regelmäßig frisches Wasser. Frisches Wasser ist Trinkwasser und kein Regenwasser! Regenwasser läuft über Dachflächen und nimmt dabei Schadstoffe auf, die sich dort ablagern. Ebenso werden bei Regenrinnen oder Fallrohren oft Materialien verwendet, die das Wasser zusätzlich verunreinigen. Ein weiterer Nachteil von Regenwasser ist das nicht Vorhandensein von Mineralien. Regenwasser kommt nun mal von oben und muss nicht langwierig durch Gesteinsschichten sickern, wo es sich mit Mineralien anreichert. Daher hat Regenwasser auch keine Karbonathärte (KH). Genau diese brauchen wir aber im Koiteich für fast jeden biochemischen Vorgang. Somit ist die Verwendung von Regenwasser, im großen Umfang, nicht zu empfehlen.

Mit einem ausreichenden Wasserwechsel wird also die Karbonathärte regeneriert, die sich mit der Zeit verbraucht. Das ist immens wichtig! Sollte die KH einmal auf 0 abfallen, besitzt das Wasser keinen chemischen Puffer mehr. Da Karbonathärte und pH-Wert in einem direkten Zusammenhang stehen, kommt es ohne KH zu einem PH-Sturz. Dadurch sink der PH Wert relativ schnell unter 7,0 und noch weiter ab. Die Koi gehen daran elendig zu Grunde. Daher ist es sehr wichtig ausreichend Wasserwechsel zu betreiben.

Durch ausreichend Wasserwechsel regeneriert man aber nicht nur die Mineralien, sondern verdünnt auch andere Stoffe wie z.B. Hormone die das Wachstum der Koi hemmen. Koi scheiden an ihre Umgebung Botenstoffe aus und können über die im Wasser vorliegende Konzentration dieser Botenstoffe, die Ergiebigkeit ihres Lebensraumes definieren. Je geringer die Konzentration, desto eher bekommt der Koi das Signal eines ergiebigen Lebensraumes und fokussiert sich auch auf sein Wachstum. Das ist z.B. auch der Grund warum japanische Züchter nur sehr wenige Koi, über den Sommer, in einen riesigen Naturteich setzen. Hier ist die Konzentration der Botenstoffe dermaßen gering, dass die Koi

Unmengen an Futter verschlingen und ein enormes Wachstum zeigen. Denselben Effekt erreicht man im Teich nur durch ausreichende Wasserwechsel.

Die optimale Menge des Wasserwechsels ist leider nicht genau zu bestimmen. In der Praxis haben sich Werte von 10-20 % des Teichvolumens pro Woche als praktikabel erwiesen. Sollte das nicht ausreichen um einen KH-Wert von 5-7 zu stabilisieren, ist man beraten auf KH-erhöhende Präparate zurück zu greifen. Natürlich wird auch alles andere im Wasser durch einen Wasserwechsel verdünnt, was den Koi in hohen Konzentrationen Probleme bereiten kann. Ein zu hoher Wasserwechsel ist daher fast nicht zu realisieren. Als einzigen Grenzwert würde ich die Wassertemperatur setzen, die bei einem ausgiebigen Wasserwechsel natürlich auch beeinflusst wird. Zu große Sprünge der Temperatur führen bei den Koi zu unnötigen Stress, da sie die Aktivität ihres Organismus der Umgebungstemperatur anpassen müssen.

Ein regelmäßiger Wasserwechsel sorgt also dafür, dass die Koi in ihrer Gesundheit unterstützt werden. Wer nun bei einem 30 m³ Teich jede Woche 3 m³ für beispielsweise 1,60 EUR/m³ wechseln muss, landet bei rund 270,- EUR im Jahr für reines Frischwasser. Das mag im ersten Moment viel klingen, relativiert sich aber schnell, sobald man herausfindet, dass der Besuch eines auf Koi spezialisierten Tierarztes leicht jenseits der 300,- EUR Marke liegen kann. Und das bei nur einem Besuch! Daher tendieren tatsächlich viele Koihalter dazu, lieber ein wenig mehr Wasser zu wechseln, als das Risiko in Kauf zu nehmen einen Tierarzt beauftragen zu müssen. Mit den erwähnten 10-20 % die Woche sollte daher fast jeder Koihalter konform gehen können.

Wasser heißt auch Bewegung. Und das Bewegen von Wasser spielt an einem Koiteich eine sehr große Rolle. Daher werde ich im nachfolgenden Kapitel auf das Thema Strömung und Umwälzung eingehen und was es dort zu beachten gilt.

Umwälzungsrate und Teichströmung

Die Umwälzungsrate gibt an wie oft das Teichvolumen pro Stunde durch das Filtersystem gepumpt wird. Gemessen wird die Umwälzungsrate indem man sein Teichvolumen durch den „Flow" (engl. für „fließen") teilt. Der Flow gibt an, wie viele Liter pro Stunde durch den Filterkreislauf gepumpt werden. Der Quotient daraus zeigt einem die Umwälzungsrate an.

Hat ein Teich einen Inhalt von 20.000 l und der Flow beträgt ebenso 20.000 l/Std, dann ergibt sich daraus eine Umwälzungsrate von 1/Std. Das Teichvolumen wird also rein rechnerisch einmal die Stunde umgewälzt, also durch den Filter bewegt.

Probleme bei der Ermittlung

Das Ausrechnen der Umwälzungsrate ist einfach, jedoch zeigt sich in der Realität oft das Problem, dass der Flow nicht ohne weiteres ermittelt werden kann. Oft kann er nur ungenau bestimmt, oder gemessen werden. Dies ist den vielen Einflussfaktoren geschuldet auf die im Folgenden noch weiter eingegangen wird.

Besonders die Förderleistung von Pumpen entspricht meist nicht den Angaben auf der Verpackung, da sie unter optimalen Bedingungen getestet wurden. Eine exakte Ermittlung der tatsächlichen Fördermenge ist im Grunde nur mit teuren Messgeräten möglich, die den wenigsten zur Verfügung stehen. Daher wird oft mit Müllsäcken, oder anderen Behältern ausgelitert, um den Flow wenigstens ansatzweise zu ermitteln.

Wodurch wird die Umwälzung beeinflusst?

Der **hydraulische Widerstand** im gesamten System beeinflusst den Flow ungemein. Jedes Rohr, jeder Bogen, jeder Filter und jedes Bauteil durch welches das Wasser bewegt wird, hat Einfluss auf den hydraulischen Widerstand. Die Oberflächen der ganzen Materialien und die durch die Bauteile verursachten Richtungswechsel, bremsen das Wasser. Um den hydraulischen Widerstand gering zu halten und den Flow nicht zu sehr zu bremsen, ist es daher immer ratsam ausreichend dimensionierte Rohre zu verwenden, wenige Bögen zu verbauen, die Rohrstrecken kurz zu halten und auch Filterkomponenten entsprechend auszulegen.

Die **Leistung der verwendeten Pumpen** im System hat natürlich ebenso einen Einfluss auf den Flow. Je stärker ich die Pumpen dimensioniere, desto mehr Wasser können sie fördern und die Umwälzung beeinflussen. Jedoch werden die Pumpen auch durch den hydraulischen Widerstand, die Zu- und Abläufe und die zu überwindende Förderhöhe limitiert.

Pumpen können nur so viel Wasser fördern, wie ihnen zugeführt wird. Damit ist der maximal zu erreichende Flow auch durch die **Zuläufe** begrenzt. Denn jeder Zulauf kann nur eine bestimmte Menge Wasser liefern. Es ist daher darauf zu achten, dass für einen angestrebten Flow auch ausreichend Zulauf in den Filter besteht. Dasselbe gilt für die Rückläufe, die die ankommenden Wassermengen auch wieder dem Teich zuführen müssen.

Die Förderhöhe, die eine Pumpe überwinden muss, hat enormen Einfluss auf die Förderleistung. Daher sollten Filtersysteme im optimalen Fall immer so angelegt sein, dass man kaum Höhen überwinden muss. Wie zuvor schon beschrieben sollte ein Schwerkraftsystem angestrebt werden.

Die an Koiteichen verwendeten **Vorfilter und andere Komponenten** haben ebenso großen Einfluss auf den Flow. Gerade deshalb geben die Hersteller immer an für welche Durchflussmengen die Geräte ausgelegt sind. Zu beachten ist dabei auch, dass sich die Vorfilterfilter bis zur nächsten Abreinigung langsam zusetzen, was den Flow negativ beeinflussen kann. Erst nach der Abreinigung des Vorfilters ist das Gewebe wieder so sauber, dass die maximale Wassermenge hindurchfließen kann. Gerade mit zu klein dimensionierten Vorfiltern, kann der Flow stark begrenzt werden. Daher wird oft empfohlen auf das nächst größere Modell auszuweichen.

Nicht außer Acht lassen sollte der Teichbesitzer **die Verbindungen zwischen den Filterkomponenten**. Selbst wenn genügend Zulauf besteht und der Vorfilter ausreichend dimensioniert wurde, kann es passieren, dass zu kleine Rohrverbindungen der Filterkammern dazu führen, dass sich das Wasser unnötig im System aufstaut und dadurch den Flow hemmt.

Entwicklung der Umwälzungsrate im Laufe der Zeit

Während man vor allem in der älteren Literatur noch Mindestanforderung an die Umwälzung von alle zwei Stunden findet, hat sich in den letzten Jahren ein neuer Trend gezeigt. Mit dem Aufkommen moderner Vorfilter und effizienter Pumpen für ein erschwingliches Budget, hat sich der Wunsch nach einer höheren Umwälzung stetig erhöht. Für die Planung von Teichneubauten wird in der Koiszene mittlerweile eine Umwälzung von einmal die Stunde empfohlen und hat sich somit als neuer Stand der Technik etabliert. Die Vorteile sind dabei leicht nachzuvollziehen.

Je schneller man das Teichwasser dem Vorfilter zuführt, desto eher wird auch **der grobe Schmutz aus dem System befördert**. Es ist also wahrscheinlicher, dass je höher die Umwälzung ausfällt, auch Dreck aus dem System gefiltert wird welcher das Wasser weiter belastet.

Ein weiterer Vorteil von einer hohen Umwälzrate ist die dabei entstehende **höhere Strömung** an den Zuläufen in den Teich. Durch die erhöhte Strömung wird nicht nur der Schmutztransport im Wasser zu den Bodenabläufen und Skimmern begünstigt, sondern auch dafür gesorgt, dass die Koi sich mehr bewegen müssen. Es ist ähnlich wie bei den Menschen. Bewegung tut den Tieren gut. Es beeinflusst die Muskeln, die Körperform und sorgt für einen guten Stoffwechsel. Da viele Koi mit Hochleistungsfutter gefüttert und teilweise auch überfüttert werden, ist eine gute Strömung im Teich als vorteilhaft zu bewerten.

Natürlich gibt es immer Ecken im Teich wo das Wasser länger steht, als dauerhaft strömt. Das Wasser welches aus dem Filter kommt vermischt sich außerdem ständig mit dem Teichwasser. Daher kann man die Umwälzung gerne messen oder rein rechnerisch ermitteln. Allerdings kann nie garantiert werden, dass auch der letzte Tropfen Wasser innerhalb des gewünschten Zeitraums mit auf die Reise aus dem Teich und durch den Filter genommen wird.

Die Überwinterung von Koi

Welches wären die richtigen Maßnahmen um seine Fische durch den Winter zu bringen? Muss der Filter aus gemacht werden? Darf ich weiter füttern und wenn ja wie oft? Muss der Teich abgedeckt werden? Muss man den ganzen Winter durchheizen? Diese und andere Fragen versuche ich in diesem Kapitel zu beantworten.

Grundsätzlich muss man sagen das es sicher einige Randbedingungen gibt, die auf jeden Koiteich zutreffen. Allerdings gibt es auch einige, welche man in Hinblick auf seinen eigenen Teich herausfinden muss um dann die richtigen Maßnahmen zu ergreifen.

Fangen wir mit den Allgemeinen Punkten an:

Koi-Karpfen sind durchaus in der Lage bei Temperaturen zwischen 4-6 Grad zu überwintern. Da die Tiere Ihren Stoffwechsel der Umgebungstemperatur anpassen, verlangsamen Sie einfach ihren Herzschlag und reduzieren den Energieverbrauch. Damit wäre die Frage nach dem kompletten Heizen im Winter bereits beantwortet. Denn sofern die Temperatur in diesem Fenster gehalten werden kann und die Tiere im Spätherbst gut konditioniert wurden, sollten keine Probleme auftreten. Die eigentliche Frage die dabei entsteht - wie kann man es schaffen eine stabile Temperatur für die Koi zu bekommen?

Hier teilen wir das Thema nochmal auf. Denn es gibt meines Erachtens zwei Bereiche in der Koihaltung. Einmal diejenigen, die Ihre Koi mit sehr viel Ambition halten und deren Teiche eher wie Koi-Pools aufgebaut sind und diejenigen die Koi eher in Gartenteichen halten, die mit weniger Technik, oder einfacher Technik ausgestattet sind. Ohne hier jetzt eine Grundsatzdiskussion zu entfachen, möchte ich daran erinnern, dass wir NUR das Thema Überwinterung betrachten wollen und genau dafür möchte ich Tipps geben, so das egal in welchem Teich, die Tiere gut durch die kalte Jahreszeit kommen.

Koi-Gartenteiche, vorwiegend ohne Bodenabläufe werden meist mit gepumpten Filteranlagen betrieben. Sollte es nicht möglich sein die Filteranlage frostfrei zu betreiben, muss sie ausgeschaltet werden. Jedoch würde ich immer bevorzugen den Filter auch im Winter laufen zu lassen. Jedoch so, dass das Wasser unter der Wasseroberfläche eingeleitet wird und auf kleiner Pumpenleistung. Denn auch im Winter produzieren Koi Ausscheidungen. Bevor jedoch ein Frostschaden den Filter kaputt macht und die Pumpe den Teich leer pumpt, sollte der Filter abgeschaltet werden. In diesem Fall sollte ab einer Temperatur von circa 10 Grad die Fütterung eingestellt werden. Denn ohne Filter, keine Fütterung. Das sollte klar sein. Und sollte der Teich im Winter zufrieren, muss zwingend ein Luftausströmer mit einer Membranpumpe installiert werden. Die Luftblasen sollen und müssen ein Loch in der Eisdecke freihalten, so dass ein Gasaustausch erfolgen kann und die Tiere nicht unter dem Eis ersticken. Eine Teichtiefe von mindestens 1,5m hilft für halbwegs akzeptable Temperaturen. Wie schon erwähnt, die Koi können durchaus um die 5 Grad Wassertemperatur überleben. Aber genau das ist der Punkt. Sie überleben eben. Eine Temperatur über 5 Grad halte ich persönlich bei einer kalten

Überwinterung für Vorteilhafter. Aus meiner Erfahrung schwimmen die Koi dabei sogar noch teilweise und fordern sogar Futter, welches ich Ihnen 1-2 mal die Woche zukommen lassen kann, solange der Filter läuft. Eine stabile Temperatur von 5-7 Grad kann auf mehreren Wegen erreicht werden. Z.B. durch eine Teichabdeckung. Hier gibt es unterschiedliche Varianten. Von schwimmenden PE Bällen über schwimmende Rahmen mit Doppelstegplatten bis hin zu Folienzelten oder aufwendigen Dach-Konstruktionen mit Doppelstegplatten. Je nach Teichform, Anspruch und Budget kann hier also eine Lösung gefunden werden.

Alle diese Punkte gelten natürlich auch für ambitionierte Koiteiche. Grundsätzlich sollten gemauerte Teiche bereits beim Bau isoliert werden und eine Tiefe von mindestens 1,5 Meter aufweisen. Auch der Filter und die Rohrleitungen sollten so geplant worden sein, dass hier kein Abschalten notwendig wird. Werden solche Teiche dann noch abgedeckt kann die Teichtemperatur meistens noch bis ans Jahresende, mit ein klein wenig zu Heizen, hoch gehalten werden ohne zu viele Kosten zu verursachen.

Ein wichtiger Punkt über den Winter, zumindest aus meiner Sicht, ist der Wasserwechsel. Denn hier sollte genauso verfahren werden wie im Sommer. Ein Wasserwechsel mit Trinkwasser aus der Leitung von 10-20 % des Teichvolumens pro Woche sollte weiterhin durchgeführt werden. Denkbar ist natürlich auch geringes, kontrolliertes und kontinuierliches Zulaufen lassen. Auch dies kann dafür sorgen, dass die Teichtemperatur stabil gehalten wird. Die Fütterung der Fische sollte während der gesamten kalten Überwinterung davon abhängig gemacht werden, ob der Filter betrieben wird und ob die Koi das Futter fordern. Lieber ein Pellet zu wenig, als 2 zu viel heißt hier die Devise.

Eine Frage die in diesem Zusammenhang auch immer auftaucht ist die Konditionierung der Koi. Was muss ich meinen Koi denn im Herbst geben das sie gut Konditioniert werden und macht es Sinn das Futter z.B. mit Lachsöl anzureichern? Hier muss man mal ganz deutlich sagen, dass eine Konditionierung im Herbst nicht stattfinden kann. Der Zug ist abgefahren. Die Monate mit warmen Wassertemperaturen, also August und September sind hier die entscheidenden. Die Koi können dann Reserven aufbauen. Wenn es bereits unter 15 Grad im Teich hat, wie es im Oktober meist der Fall ist, sollte zwingend und dringend auf ein leicht verdauliches Futter umgestellt werden. Die Koi können dann keine vernünftigen Reserven mehr aufbauen und sollten nur noch das bekommen was einer Erhaltungsfütterung entspricht, also auch drastisch reduzierte Mengen. Und von einem zusätzlichen Auffetten rate ich dringend ab. Die am Markt erhältlichen Koifutter sind bereits in einer Zusammensetzung, dass die Fische die Inhaltsstoffe gut verwerten können. Wenn man jetzt anfängt und künstlich Fett dabei gibt, kann nicht mehr sichergestellt werden das die Tiere die aufeinander abgestimmten Zutaten gut verwerten können. Auch ist es unmöglich den Fettgehalt überhaupt zu bestimmen. Fettgehalt und Proteingehalt sollten immer aufeinander abgestimmt sein. Wenn beides Hoch ist, dann handelt es sich auch nicht um ein Winterfutter, sondern um ein Sommer-Wachstumsfutter. Für eine ganzjährige Fütterung, also auch in der kälteren Jahreszeit empfehle ich z.B. Futter welches weitestgehend auf Weizen basiert. Hier kann eine leichte Verdauung stattfinden.

Luft-Wärme-Pumpe am Koiteich

Ein definitiv interessantes Thema ist der Betrieb einer Luft-Wärme-Pumpe am Koiteich. Mit dieser lässt sich ein Wasservolumen erwärmen und die Temperatur auch halten. Was es damit auf sich hat, versuche ich euch zu erklären.

Warum heizen?

Das Thema Heizen klingt im ersten Moment immer etwas absurd. Allerdings wird man als ambitionierter Koihalter mit der Zeit feststellen, dass eine über das Jahr langanhaltende hohe

Temperatur im Koiteich, viele Vorteile bietet. Nicht nur das Wachstum ist deutlich besser, sondern auch die Vitalität allgemein. Bei hohen Temperaturen über 20 Grad kann das Immunsystem der Koi besser arbeiten und die Tiere sind gegen viele äußere Einflüsse unempfindlicher. Ebenso heilen kleinere Verletzungen schneller. Auch das Abfangen der Fahrstuhltemperaturen im Frühjahr und im Herbst trägt zum Wohlbefinden bei, da die Fische Ihren Organismus nicht pausenlos umstellen müssen. Die starken Schwankungen der Wassertemperatur belasten sonst das Immunsystem der Koi.

Die Kosten

Eine Poolheizung kostet in der Anschaffung Geld. Und ebenso im Betrieb, da sie einiges an Strom benötigt. Solide Luft-Wärme-Pumpen für Koiteich bis zu 40 Kubikmeter kosten zwischen 1.800-5.000 EUR. Eine große Preisspanne. Allerdings gibt es auch größere Unterschiede die vor allem die Lautstärke, die Effizienz und den Betrieb bei kühlen Außentemperaturen betreffen. Was die Betriebskosten angeht liegen diese natürlich gänzlich in der Art und Weise, wie der Teichbesitzer seinen Teich betreiben möchte und welche Differenz er zur Außentemperatur mit seinem Teich fahren möchte. Auch der Punkt Isolation und Wärmeverlust spielen hier eine große Rolle, so dass die monatlichen Kosten für den Stromverbrauch bei ganzjähriger Anwendung und kalter Überwinterung der Koi zwischen 30-200 EUR liegen. Eben je nachdem wie hoch der Temperaturverlust ist welche die Wärmepumpe überwinden muss.

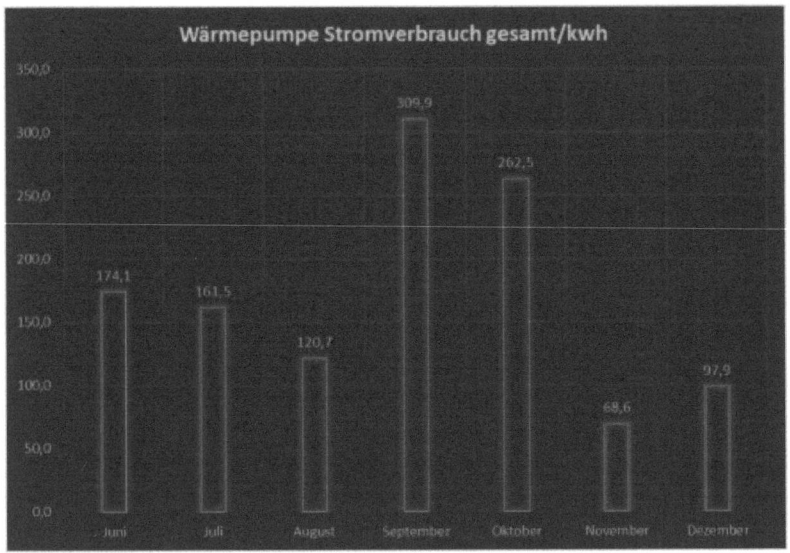

Stromverbrauch einer Luft-Wärme-Pumpe in Kilowattstunden über mehrere Monate an einem 37.400l Koiteich, Juni bis September 23 Grad Celsius, Überwinterung bei 7 Grad Celsius im abgedeckten und isolierten Koiteich

Die Funktion

Damit eine Luft-Wärme-Pumpe funktioniert benötigt Sie zum einen Strom und zum anderen einen Zulauf mit Wasser, welches erwärmt werden soll. In unserem Fall ist dies das Teichwasser. Das Teichwasser muss also zur Wärmepumpe gefördert werden. Dafür werden meist Wassermengen zwischen 6.000 bis 10.000 Liter benötigt. Wird diese Menge nicht erreicht, schaltet die Wärmepumpe ab. Oder erst gar nicht ein, denn die Geräte besitzen eine Schutzabschaltung. Die meisten Wärmepumpen bieten 50 mm Anschlüsse. Hier lassen sich PVC-Rohre andocken, einkleben oder Schläuche mit denen das Wasser zugeführt und wieder in den Teich geleitet wird. Ob man es nun wieder direkt in den Teich einleitet, in den Filter, oder über Wasserfälle bleibt einem selbst überlassen. Ich persönlich würde immer den Weg wählen, bei dem wenig Temperatur verloren geht. Also nicht nur kurze isolierte Rohrleitungen verwenden, sondern dass erwärmte Wasser auch unter Wasserpegel wieder zuführen. Wasserfälle sind definitiv eine Variante bei der viel eingebrachte Energie verloren geht.

Bekommt die Wärmepumpe genügend Wasserzulauf und ist das Gerät eingeschaltet und auf die gewünschte Temperatur eingestellt, fängt der Rotor an Luft in das Gerät hinein zu ziehen und nach vorne wieder weg zu blasen. Dabei wird der Umgebungsluft Wärme entzogen und über einen Wärmetausche an das Teichwasser abgegeben. Nach vorne bläst die Wärmepumpe daher eiskalte Luft aus. Sollte es draußen zu kalt werden, kann die Wärmepumpe vereisen. Sollte dies passieren, wird sich das Gerät zum richtigen Zeitpunkt abschalten und wieder auftauen. Natürlich verbraucht dies auch wieder Strom. Insgesamt muss man sagen das Wärmepumpen effizienter arbeiten, wenn die Außentemperaturen höher sind. Je kälter es wird, desto ineffizienter werden sie, bzw. je mehr Strom wird die Wärmepumpe verbrauchen. Der Effizienzgrad der Geräte wird mit dem COP-Wert angegeben. Je höher dieser Wert, desto besser die verbaute Technik in Bezug auf den Stromverbrauch und die Wärmegewinnung. Die höchsten COP-Werte werden bei den sogenannten Inverter Wärmepumpen ausgewiesen. Allerdings sind dies auch meist die teuersten Geräte. Sollte jemand das Thema Luft-Wärme-Pumpe interessant finden, aber nicht gleich in die Vollen gehen wollen, loht sich eventuell der Blick in den Gebrauchtmarkt. Hier sind ab und an brauchbare Geräte um die 800,- EUR zu erstehen.

Faden- und Schwebealgen

Ein für viele Teichbesitzer belastendes Problem sind Algen. Jedoch sind Algen grundsätzlich erst mal nichts Negatives. Algen hat und braucht jeder Teich. Sie produzieren unter anderen Sauerstoff und sie reinigen das Wasser zusätzlich. In Ihnen verfangen sich Schwebstoffe und sie entziehen dem Wasser Nitrat.

"Also haben Algen auch viele positive Eigenschaften. Ein gepflegter Algenrasen ist daher das, was sich viele Teichbesitzer wünschen und wünschen sollten. „

Leider werden mit den Algen oftmals weniger Sympathien verbunden. Denn in vielen Fällen schießen diese Lebewesen über das Ziel hinaus. Und hier möchte ich das Thema noch einmal auftrennen. Und zwar in **Schwebealgen** und **Fadenalgen**.

Schwebealgen

Wie der Name schon vermuten lässt schweben diese Algen im Wasser. In hohen Konzentrationen führt dies zu der allgemein bekannten grünen Färbung des Wassers. Auch bekannt unter dem Begriff Algenblüte. Diese Trübung des Teiches kann in mehr oder minder starker Ausprägung vorhanden sein. Unseren Koi macht dies erst einmal nichts aus. Jedoch hat der Teichbesitzer meistens ein Problem damit, wenn er sich mitunter kostspielige japanische Farbkarpfen in den Teich setzt, diese aber nicht mehr sehen kann. Außerdem hat das starke Algenwachstum einen Einfluss auf den pH-Wert. Dieser wird angehoben, da die Algen nicht nur Nitrate zehren, sondern auch CO_2. Die Reduzierung des Kohlenstoffdioxids führt dann zur Erhöhung des PH-Wertes.

Was kann man nun dagegen tun? Schnell sind diverse Filter angeschafft oder umgebaut. Doch oftmals wundert sich der Teichbesitzer wieso sein Teich trotzdem nicht klar wird. Die Antwort ist simpel. Die Schwebealgen sind so klein, dass sie durch so gut wie jeden Filter am Markt hindurchwandern können. Um dieses Problem zu beheben gibt es nur eine Lösung. Und die heißt UV-Lampe. Eine UV-Lampe dient entgegen der häufig verbreiteten Meinung weniger dem Entkeimen des Wassers. Dazu sind sehr hohe Wattzahlen notwendig. Nein, die UV-Lampen die an den meisten Koiteichen verbaut sind, dienen nur dem Zweck die Schwebealgen in Schach zu halten. Durch das ausgestrahlte UV-Licht werden die Zellen der Algen beschädigt. Nun fangen sie an sich gegenseitig zu verklumpen. Und diese Klumpen erreichen dann Größen, welche wieder von den am Markt erhältlichen Filtern aufgefangen werden können. Es ist daher unerlässlich an einem Koiteich eine UV-Lampe zu verbauen. Die Lampe sollte mit einer Stärke von 2-4 Watt pro Kubikmeter dimensioniert werden. Und dort eingebaut, wo möglich das gesamte Teichwasser vorbeiläuft. Ist die UV-Leistung zu gering kann es vorkommen, dass sich die Schwebealgen schneller vermehren als die UV-Lampe sie abtöten kann. Das Wasser bleibt grün.

Fadenalgen

Fadenalgen sind durchaus ein Phänomen. Innerhalb weniger Tage können sie mehrere Meter wachsen, mehrere Kilo Biomasse produzieren und dadurch einen ganzen Teich lahmlegen. Sollte der sonst kurze Algenrasen an den Teichwänden, oder dem Boden, längere Ausläufer bilden, ist Handeln gefragt. Ich kenne die Aussagen, dass einige bewaffnet mit Klobürsten die Algen von den Wänden schrubben. Ich persönlich finde die Idee mit einer Klobürste zwischen meinen Koi zu hantieren nicht nur absurd, ich habe außerdem die Erfahrung gemacht, dass man mit dem reinen Abernten, nicht Herr der Lage wird. Wenn die Algen erst einmal unkontrolliert wachsen, besteht die Gefahr das Bodenabläufe verstopfen, oder sich auch ganze Filter mit den grünen Tentakeln zusetzen. Auch Schmutzpartikel wie Kot werden in den Algen festgehalten und können nicht aus dem System gefiltert werden, was die Wasserqualität durchaus mindern kann.

Ich selbst habe während solcher Eskapaden regelmäßig ganze Fußbälle von Fadenalgen aus dem Filter gezogen. Die Fadenalgen können hier ein unheimliches Tempo vorlegen und riesige Mengen an Biomasse produzieren. Diesen Kampf kann man daher nur verlieren. Abhilfe schafft ein Mittel gegen Fadenalgen. Davon gibt es mehrere am Markt, welche einen hervorragenden Job machen. Die Mittel werden direkt in den Teich gegeben, lösen sich auf und sorgen dafür, dass die Fadenalgen das Wachstum einstellen und anfangen sich aufzulösen. Nach nicht ganz zwei Wochen ist der Spuk vorbei. Auch wenn der Befall sehr schlimm war. Es kann allerdings passieren, dass der Teich noch im selben Jahr rückfällig wird. Wie oft das passiert, kann man leider nicht pauschal beantworten. Manche Teiche trifft es gar nicht, manche jedes Jahr. Manche sogar zwei Mal im Jahr.

Leider befinden sich in Koiteichen, durch die Ausscheidungen der Koi, viele Nährstoffe. Diese bekommt man zwar mit Wasserwechseln verdünnt, aber es verbleiben genügend die den Algen als Nahrung dienen können. Damit man Herr der Lage wird, empfehle ich ganz klar ein Mittel gegen Fadenalgen, so wie ich es auch selbst anwende und wie es sich in der Praxis bewährt hat.

Teichabdeckungen

In der Koiwelt gibt es viele Themen bei denen Menschen erst einmal den Kopf schütteln. Unter anderen dann, wenn Koihalter Ihren Teich in der kälteren Jahreszeit abdecken. Warum eine Abdeckung Sinn machen kann und welche Möglichkeiten dem Koihalter zur Verfügung stehen, werde ich jetzt erklären.

Teiche kühlen im Winter aus. Dabei gehen circa 90% der Wärme über die Oberfläche des Teiches verloren. Eine Teichabdeckung über der Oberfläche kann diesen Effekt mindern. Ein abgedeckter Koiteich kühlt dementsprechend langsamer aus. Und damit tut man den Koi definitiv etwas Gutes. Starke Temperaturschwankungen kosten die Fische Energie und belasten das Immunsystem. Die Hauptargumente die Kritiker von Abdeckungen hervorbringen, sind oftmals immer dieselben. Koi sind Karpfen und außerdem würde das bei anderen, auch ohne Abdeckung, seit Jahren funktionieren.

Grundsätzlich kann man einer kalten Überwinterung im ersten Moment nicht widersprechen. Wenn Koi im Sommer gut konditioniert wurden, verkraften Sie auch über kurze Zeiträume niedrige Temperaturen bis zu 3 Grad Celsius und mehrere Wochen ohne Futter. Allerdings sehe Ich persönlich darin einen **Überlebensmodus** in welchen die Koi gezwungen werden. Es handelt sich daher ohne Abdeckung und bei teilweise zugefrorener Oberfläche, um eine unkontrollierte Überwinterung der Tiere. Und wie schon öfter in diesem Buch erwähnt, kann man keine Verantwortung für das Wohlbefinden übernehmen, wenn man keine Kontrolle darauf ausüben kann. Daher möchte ich jedem ambitionierten Koihalter empfehlen das Thema Teichabdeckung in seine Gedanken mit einzuschließen.

Arten von Teichabdeckungen

Flach aufliegende Poolfolien sind nicht für Koiteiche geeignet. Regen und Schnee drücken die Folie nicht nur schnell unter Wasser, auch fehlt es an einem wirklich isolierenden Bereich. Und dieser ist nicht gegeben, wenn eine dünne Folie direkt auf dem Wasser aufliegt. Weiterhin besteht ein nicht zu vernachlässigendes Risiko: Koi springen, landen auf der Folie und finden nicht den Weg zurück ins Wasser. Das direkte Aufliegen der Folie verhindert auch einen Gasaustausch mit der Umgebung. Sauerstoff und CO_2 können nicht mehr ein und austreten, was durchaus zu Problemen führen kann.

Flach aufliegende Styrodurplatten werden häufig von Koihaltern eingesetzt. Die bieten eine gewisse Isolation, sollte aber niemals über die gesamte Teichfläche verwendet werden. Wie auch bei der Folie verdecken Sie die Oberfläche und verhindern einen Gasaustausch. Ich kenne mindestens zwei Teiche bei denen Koi auf diese Art und Weise im Winter erstickt sind. Sollte man mit Styrodurplatten arbeiten wollen, empfehle ich maximal zwei Drittel der Oberfläche eines Teiches abzudecken.

Eine weitere Variante zur Teichabdeckung sind **PE-Bälle**. Die Kugeln bestehen aus durchsichtigem oder schwarzem Material und werden direkt auf den Teich geschüttet. Oftmals in mehreren Lagen. Sie müssen dann mit einem Netz über dem Teich fixiert werden, da starker Wind die Kugeln abheben lässt. PE-Bälle bieten eine gute und solide Isolation für die Teichoberfläche. Vor allem da sie mit Luft gefüllt sind. Luft ist ein schlechter Wärmeleiter. Weiterhin sind sie durchlässig genug, damit auch weiterhin ein Gasaustausch erfolgen kann. Man darf allerdings nicht vergessen das für einen Teich meist mehrere tausend Bälle benötigt werden, welche dann im Sommer auch gelagert werden müssen. Um davon eine Vorstellung zu bekommen kann man sich eine ganze Garage voll vorstellen.

Doppelstegplatten sind als Teichabdeckung oft zu finden. Sie werden deshalb gerne genutzt, weil sie nicht nur eine gute Isolation bieten, sondern auch weil Sie robust und lichtdurchlässig sind. Doppelstegplatten gibt es in unterschiedlichen Stärken und Längen. Die Variante mit 16mm Stärke reicht in den meisten Fällen aus um den Teich effektiv abzudecken. Hier gibt es mehrere Varianten. Die Platten können flach auf einer Rahmenkonstruktion fixiert werden oder sogar zu Tunneln gebogen. Weiterhin lassen sich auch leicht Klappen oder Luken realisieren um die Koi zu kontrollieren oder zu füttern.

Folientunnel und Gewächshäuser möchte ich als letzte Variante aufzählen. Doch auch ganze Partyzelte habe ich schon auf Koiteichen stehen sehen. Sie sorgen dafür, dass ein großes Luftpolster zwischen Teichoberfläche und der Außentemperatur entsteht. Und genau das führt zu einer relativ guten Isolation. Weiterhin hat man die Möglichkeit Gewächshäuser so aufzustellen, dass man selbst hineingehen kann. Viele Teichbesitzer können sich somit auch im Winter mit Ihren Tieren beschäftigen und sich geschützt an den Teich setzen, ohne dass die Oberfläche verdeckt ist. Auch das Fangen von Koi, in Problemsituationen, ist dabei einfach möglich.

Die sicher teuerste Variante der Abdeckung nennt sich **Poolabdeckung**. Hierbei handelt es sich um eine auf dem Teichrand fest installierte Abdeckung welche als kleiner Tunnel realisiert wird. Diese Abdeckung lässt sich auf einem Schienensystem vom Teich herunter schieben und ist genauso schnell wieder drauf geschoben. Es handelt sich also um eine ganzjährig installierte Abdeckung. Große Varianten der Poolabdeckung sind sogar begehbar.

Für welche Abdeckung man sich nun entscheidet ist sicher auch von optischen Aspekten abhängig. Ebenso wie vom Preis und der Möglichkeit die Abdeckung über den Sommer zu verstauen. Wichtig aus meiner Sicht ist nur, dass man sich mit dem Thema auseinandersetzt. Und zwar am besten schon während man den Teich plant.

Biofilme - die zweite Lebensform im Koiteich

Viele Koiteichbesitzer fragen sich zu Anfang, wann der richtige Zeitpunkt ist die Fische einzusetzen. Der Teich soll ja bekanntlich erst „Einlaufen". Ja, ein Teich muss Einlaufen. Doch was heißt das überhaupt, oder was genau ist damit gemeint und welche Auswirkungen hat das?

Das „Einlaufen" des Teiches bezieht sich auf zwei Punkte. Zum einen muss sich eine ausreichende Leistung des Biofilters einstellen um Ammonium und Nitrit erfolgreich abbauen zu können, zum anderen muss der Teich „Reifen".

Das was im Biofilter letztendlich die Arbeit verrichtet und Ammonium zu Nitrit und Nitrit zu Nitrat umwandelt, sind Bakterien. Dieser Vorgang wird Denitrifikation genannt. Die Bakterien sind im Grunde nur winzig klein und in geringer Anzahl eigentlich machtlos. Um ihren Job effektiv zu verrichten bilden sie aber sogenannte Biofilme, in denen sie sich zusammenhängend niederlassen und damit genau das werden, was jeder Teichbesitzer gerne hätte: Eine einwandfrei funktionierende Biologie.

Der Prozess beginnt langsam und schleppend. Durch Anfangs vereinzeltes Anhaften auf den Filtermedien und ständige Vermehrung, bilden sich mit der Zeit Kolonien und am Ende Biofilme welche das Filtermaterial überziehen.

Während dieses Prozesses wird die Oberfläche der Filtermaterialien sogar verändert. Die Organismen optimieren Ihre Lebensräume um sich noch besser anzusiedeln. Daher besiedeln sich einige Filtermedien tatsächlich auch schneller als andere. Denn die Organismen haften nun mal besser auf rauen Oberflächen, als auf glatten. Gerade Plastikschwimmkörper wie Hel-X brauchen meist wesentlich länger um gut besiedelt zu werden, als z.B. Japanmatten.

Aber nicht vergessen sollte man, dass sich ebenso an den Teichwänden und auch den Innenwandungen der Rohre Biofilme bilden. Und diese machen in normal ausgelegten Teichen sogar einen Großteil der Biokapazität des ganzen Systems aus. Man wird sich wundern wieviel Bioleistung der Teich an sich bereits hat. Einige Teichbesitzer durften dies schon live erleben, als sie Ihren Biofilter abkoppelten und den Teich einer großzügigen Reinigung unterzogen. Nicht nur der Abbau von Ammonium und Nitrit brach danach spürbar ein, sondern auch die Sauerstoffabsättigung, die durch den Algenrasen auf den Teichwänden maßgeblich beeinflusst wird, nahm rapide ab.

Sofern sich ein erster dünner Biofilm ausgebildet hat, entstehen auch Wechselwirkungen zwischen den unterschiedlichen Organismen. Warum unterschiedlich? Tatsächlich siedeln sich nicht nur nitrifizierende Bakterien an, sondern auch jede Menge anderer Teilnehmer an dieser großen Gemeinschaft. Zum Teil wird erst durch diese Vielfalt die Grundlage für wieder weitere und andere Organismen geschaffen. Wir unterscheiden hier zwischen heterotrophen und autotrophen Organismen. Die ersteren ernähren sich gerne von biologischem Abfall, wohingegen sich hinter den autotrophen unsere geliebten Nitrifikanten verbergen.

Nachdem also ein erster Biofilm ausgebildet ist, beginnt das sogenannte „Reifen" des Biofilms. Hier beginnt für mich die zweite Phase des „Einfahrens" eines Koiteiches. Diese lässt sich natürlich nicht klar abgrenzen, da es sich um einen fließenden Prozess handelt und je nach Außeneinwirkung mal schneller und auch mal langsamer abläuft. Hier und da liest man ja das Koiteiche einige Zeit brauchen um richtig „Einzulaufen". Und was in dieser Phase passiert, erkläre ich euch im nächsten Kapitel.

Was bedeutet „Reifen des Teiches"?

Eine wissenschaftliche Antwort darauf konnte ich bisher nur in Abhandlungen in Bezug zur Aquakultur finden. Hier wird teilweise das Wasser in Tanks gereift und sozusagen „gealtert", bevor es zum Einsatz kommt. Dies hat den Hintergrund, dass in den Tanks bereits ein Milieu an Organismen existiert, welches einem reifen Biofilm entspricht. Doch welche Auswirkungen hat der reife Biofilm nun im Koiteich? Reife Biofilme können unter anderem Schadstoffe besser abwehren. Somit kann der Biofilter auch Behandlungen mit Medikamenten besser überstehen oder eventuelle Einflüsse wie Schwankungen des pH-Wertes. Klar, auch hier gibt es Grenzen, aber das Risiko eines Totalausfalls des Biofilters ist wesentlich geringer. Ein reifer Biofilm der mit unzähligen unterschiedlichen Organismen auf das Wasser einwirkt, hat unter anderen auch die Wirkung, dass pathogene Keime, die Koi wirklich krankmachen können, sozusagen in Schach gehalten werden. Es hat sich im optimalen Fall ein mikrobiologisches Gleichgewicht eingestellt.

Die Auswirkungen sind jedoch noch weitreichender. Um dieses Thema nicht ausarten zu lassen kann vereinfacht gesagt werden, dass das allgemeine Wohlbefinden der Koi durch reife Biofilme unterstützt wird. Dies mindert Auswirkungen auf den Stresslevel der Fische, fördert oder unterstützt das Immunsystem und kann auch Auswirkungen auf das Wachstum der Fische haben. Weit hergeholt? Ich denke nicht. In der Aquakultur wird seit langen mit Methoden zur Alterung bzw. dem Reifen des Wassers gearbeitet um den Ertrag zu steigern. Also die Ausfallrate zu verringern und das Wachstum zu erhöhen bzw. zu beschleunigen.

In diesem Zusammenhang möchte ich noch erwähnen, dass dem Teich oder den Koi zugeführte Probiotika positive Effekte hervorrufen können. Da geht es wirklich nicht um Hokuspokus, sondern um wissenschaftliche Fakten. So kann eine prophylaktische Behandlung mit Milchsäurebakterien zu einem Konkurrenzausschluss von pathogenen (potentiell krankmachenden) Bakterien führen und die Darmflora der Koi stärken. Auch Koifutter mit Hefekulturen sorgt für eine gesunde Darmflora und diese dann für vitale Koi.

Die Biofilme werden bis zu einem bestimmten Punkt ihres Aufbaus leistungsfähiger. Je mehr Schichten ein Biofilm aufbauen kann, desto mehr „Verbraucher" gibt es darin. Ein über mehrere Jahre gewachsener Biofilm kann daher eine enorme Leistungsfähigkeit erreichen. Daher haben richtig eingefahrene Biofilter und Teiche manchmal auch eine sehr hohe Wirkungskraft, auch wenn sie im Grunde klein dimensioniert sind. Also ein weiterer Punkt dafür, dass Teiche und Biofilter richtig „reifen" sollten.

Je mehr ein Biofilm wächst, also je dicker er wird, desto effektiver arbeitet er und desto robuster wird er. In Bezug auf die Abbauleistung von Ammonium und Nitrit gibt es aber auch Grenzen. Die Bakterien benötigen nämlich Sauerstoff um diese Arbeit zu verrichten. Ab einer Stärke von rund 150 Mikrometer entstehen allerdings Bereiche im Biofilm, in denen kein gelöster Sauerstoff mehr vorliegt. Das heißt die größte Nitrifikationsrate liegt im oberen Bereich des Biofilms. Das heißt natürlich nicht, das dicke Biofilme schlecht sind, aber irgendwann kommt der Zeitpunkt an dem es Sinn macht dem Filter mehr Filtermaterial zuzuführen um die Abbauleistung von Ammonium und Nitrit zu erhöhen.

Übrigens, eine feine Vorfilterung wie z.B. Trommel, Vlies- oder Bandfilter, die organisches Material möglichst effektiv aus dem Wasser holen, bevor es den Biofilter erreicht, unterstützen den Biofilter ungemein. Denn je weniger Kohlenstoff aus organischen Resten bei den Bakterien ankommt, desto eher können sich Nitrifikanten ausbreiten, die wir ja nach Möglichkeit und vorzugsweise im Filter haben möchten. Bei Vorhandensein von viel organischem Material besteht allerdings die Möglichkeit, dass andere Organismen sich ausbreiten und die Nitrifikanten verdrängen oder zumindest einschränken.

Eine ausreichende Nährstoffversorgung des Biofilms ist essentiell. Hier spricht eigentlich einiges für Filtermaterialien die etwas „gröber" gestrickt sind wie z.B. Japanmatten. Feine Materialien wie z.B. Tonmaterialien bieten zwar eine rechnerisch riesige Oberfläche, aber diese „verstopft" auch leicht durch den Biofilm selbst, so dass eine Nährstoffversorgung der unteren Schichten in einigen Fällen nicht mehr optimal gewährleistet werden kann. Dies führt zum Absterben der Organismen und kann die Nitrifikation einschränken.

Wie kann ich das „Reifen des Teiches" fördern?
Da Bakterien möglichst gleichbleibende Bedingungen mögen, reift ein Biofilm schneller, wenn es keine Veränderungen im Lebensraum der Organismen gibt. Damit gemeint sind vor allem Behandlungen des Teiches mit Medikamenten, oder das Reinigen der Filtermaterialien. Sofern möglich sollten Komplettbehandlungen bei neuen Teichen vermieden werden. Aber was ist mit der Reinigung der Filtermedien? Ist das nicht ein Muss? Tatsächlich ist es möglich seine Filterkette so auf zu bauen, dass ein häufiges Rückspülen der Medien vermieden werden kann. Eine effektive Vorfilterung, die dafür sorgt groben Schmutz vom

Biofilter fern zu halten, ist hier der Schlüssel zum Erfolg. Von etablierten Koiteichbesitzern konnte ich in Erfahrung bringen, dass Sie Ihre Japanmatten, vor denen ein Trommelfilter oder Endlosbandfilter arbeitet, nicht mal nach 10-15 Jahren angefasst haben. Ich selber betreibe ebenso eine Konstellation von Trommelfilter und Japanmatten und sehe an den Matten, dass eine Reinigung bisher völlig unnötig scheint. Wohingegen an meiner ehemaligen Hälterung, ohne Vorfilter, die Matten bereits nach einer Woche völlig verschlammt waren.

Sofern solche Konstellationen vorliegen und statische Filtermedien eingesetzt werden, kann das „Reifen" des Biofilms bereits nach einigen Monaten weit fortgeschritten sein. Wohingegen stark bewegte Filtermedien deutlich im Nachteil sind. Durch die ständig auftretenden Scherkräfte, wenn die Filtermedien aneinanderstoßen, wird der Biofilm dünn gehalten und ist damit auch viel empfindlicher. Gerade bei Behandlungen im Teich ist es schon oft vorgekommen, dass das Filtermaterial danach wieder wie neu aussah, weil kein ausreichend stabiler Biofilm aufgebaut werden konnte. Hier spricht also einiges für statisch eingebrachte Medien, die aber auch mit einer guten Vorfilterung versehen werden sollten.

Damit der Teich Einlaufen kann braucht es die Ausscheidungen der Koi als Nahrung für die Mikroorganismen. Das ist bei Neuteichen zwar ein kleiner Teufelskreis, da Anfangs ja keine Nitrifikanten vorhanden sind, aber da muss man durch. Nur mit dem ausgeschiedenen Ammonium können sich Bakterien ansiedeln und letztendlich den Biofilm ausbilden. Damit es sich der Koihalter nicht ganz so schwer macht, empfehle ich in der ersten Saison nur wenige Fische einzusetzen und sich jedes Jahr zu steigern. Somit hat das System Zeit sich aufzubauen, anzupassen und der Biofilm Zeit zu reifen.

Koifutter

Futterdiskussionen gibt es auf Facebook und anderen Plattformen genauso viele, wie die Futterpellets in den Packungen der Hersteller. Eigentlich kein Wunder, gibt es doch fast genauso viele Anbieter von Koifutter. Woher soll der da der Koiliebhaber wissen, welches nun das ist, welches er bedenkenlos kaufen kann? Kann er nicht. Es gibt zwar einige Kriterien die ein gutes Koifutter kennzeichnen, aber letztlich gibt es auch von den guten Futtersorten so viele, dass dem Endkunden nichts Anderes übrigbleibt, als es an seinem Teich selbst zu testen. Und tatsächlich scheinen manche Futter an manchen Teichen bessere Ergebnisse zu erzielen als andere. Hinzu kommt das es auch Futter für Wachstum, Farbe, Gesundheit, ältere Fische, kleine Fische, den Herbst, den Winter, den Sommer und für Zwischendurch gibt. Ob das Sinn macht lässt sich pauschal nicht beantworten und muss in den folgenden Kapiteln genauer betrachtet werden.

Sink- oder Schwimmfutter

Schauen wir uns die Koi doch mal genauer an. Am besten von der Seite. Der Betrachter wird feststellen, dass 99% der Koi ein nach unten gerichtetes Maul haben. Und das hat auch seinen Sinn, denn der Koi ist ein Karpfen der in der Natur das Futter vom Boden aufnimmt. Er ist also anatomisch überhaupt nicht dafür gemacht von der Oberfläche zu fressen. Damit erübrigt sich eigentlich schon die Frage welches Futter für den Fisch gesünder ist. Nichts desto trotz sind Koi auch Zierfische und der Koihalter möchte sich mit den Tieren beschäftigen. Viele lieben es auch, wenn die schmatzenden Mäuler auf einen zu schwimmen. Das geht natürlich nur mit einer ordentlichen Portion Schwimmfutter.

Um hier einen Konsens zu finden, kann man einen Mix aus Schwimm- und Sinkfutter nehmen, oder die Gabe an Schwimmfutter auf den Abend beschränken. Das Mischen entlastet nicht nur die Koi, sondern ermöglicht es auch den scheuen Fischen einen entsprechenden Anteil abzubekommen. Sinkfutter hat zudem auch den Vorteil, dass die Koi bei der Aufnahme vom Grund Dreck und Ablagerungen aufwirbeln, welche sich eventuell gebildet haben. Somit können die Partikel wieder in Schwebe gebracht und vom Filter aufgenommen werden. Es hält den Teich also auch zusätzlich sauber.

Die Pellet-Größe

Ein Thema bei dem die Meinungen ebenso stark auseinandergehen ist die richtige Pellet-Größe. In einigen Test wurde wohl nachgewiesen, dass kleine Pellets, mit bis zu 3 mm Durchmesser, bei vergleichbaren Koi-Beständen zu mehr Wachstum geführt haben. Die Erklärung dafür ist eigentlich auch logisch nachvollziehbar. In Summe haben viele kleine Pellets eine größere Oberfläche als wenige große Pellets. Nehmen die Koi das Futter nun auf, wandert es durch deren Darm. Da Koi keinen Magen haben, wird das Futter während der Wanderung durch den Fisch verdaut. Und weil die kleinen Pellets in Summe mehr Oberfläche haben, kann der Koi diese effektiver verdauen und die Nährstoffe in größeren Umfang aufnehmen.

Soweit so gut. Allerdings betreiben wir zuhause meist keine Hochleistungsaufzucht und meine persönliche Erfahrung ist, dass gerade größere Koi teilweise wenig Bock haben winzigen Pellets im Teich hinterher zu schwimmen. Hat man nun auch noch Mischbestände von kleineren und größeren Fischen, kann es durchaus sein, dass die kleinen Koi eine ausreichende Menge in Relation zum Körpergewicht aufnehmen, die größeren Koi aber in derselben Zeitspanne viel zu wenig. Sie brauchen einfach zu lange um eine ausreichende Menge an Futter einzusammeln. Weiterhin gibt es nicht wenige Teiche mit Ecken, wo sich die kleinen Pellets gerne festsetzen. Meist reicht ein Flossenschlag und die Hälfte des Futters hat sich über den gesamten Teich verteilt. Wenn das Futter nun teilweise unerreichbar ist, oder bereits im Skimmer verschwunden, hat der Koihalter und seine Fische keinen Vorteil davon.

Kurze Frage zwischendurch: Habt ihr Koi schon mal kauen gehört? Ich höre das regelmäßig. Sie zerkleinern die Futterpellets mit ihren Schlundzähnen. Dabei entstehen also auch kleinere Partikel die dann wieder effektiv verdaut werden können. Demnach spielt es meiner Meinung nach eine geringere Rolle einem kleinen Futter den Vorzug zu geben. Sollte jemand lieber größere Pellets bevorzugen, muss er sich nicht vorwerfen seinen Koi was Schlechtes getan zu haben. Vor allem bin ich der Meinung, dass nicht jeder Zentimeter an Wachstum zählt. Wir haben es ja schließlich nicht mit einem Wettkampf zu tun. Sollte ein Koi auf Grund der Pelletgröße nun 1-2 cm im Jahr weniger wachsen, ist das durchaus verschmerzbar. Eventuell tritt das aber noch nicht mal ein. Sofern ich meinen großen Fischen auch größere Pellets gebe, können Sie ja auch insgesamt mehr Futter in derselben Zeit aufnehmen, als wenn ich ein sehr kleines Futter verwende, von dem Sie eventuell nur wenig aufnehmen. Weiterhin hängt das Wachstum nicht in erster Linie vom Futter ab, sondern vor allem von der Genetik, dem Sauerstoffgehalt, ausreichend Wärme und stabilen Wasserparametern im Teich.

Wer einen guten Konsens bei der Pellet Größe finden möchte und einen Mischbestand aus kleinen und größeren Fischen hat, dem lege ich einfach ein 4,5 bis 6 mm Futter ans Herz. Das bekommen sowohl kleinere als auch größere Fische noch problemlos auf die Reihe und die erwähnten Vor- sowie Nachteile halten sich in Waage. Zudem enthalten heute nicht wenige Koifutter Probiotika aus Hefe-Kulturen, die die Darmflora der Koi positiv beeinflussen und zusätzlich für eine verbesserte Nahrungsverwertung sorgen.

Was ist gutes Koifutter?
Koifutter ist und bleibt ein besonderes Thema welches viel Aufmerksamkeit bekommt. Nicht selten lese ich in den Facebook

Gruppen die ganz normale Frage eines Koiliebhaber, welches Futter er denn nun verwenden soll. Oftmals auch mit dem Hinweis ob das Ganze auch ein wenig günstiger geht, ohne auf große Qualitätsmerkmale verzichten zu müssen. Schnell erscheinen Antworten diverser Futter-Anhänger, die anmerken das Gutes Futter nicht günstig sein kann. Die Themen ufern dann meistens aus. Eine endlose Liste von Futterempfehlungen entsteht. Meist nur der Futtername, oder der Link in irgendeinen Shop. Dem Fragesteller wird dadurch meist nicht geholfen. Er steht wie zu Anfang vor einer riesigen Auswahl an Futtersorten diverser Anbieter.

Ich persönlich stelle immer wieder fest, dass es außer einem Namen und Behauptungen, an echten handfesten Fakten zu den ganzen Empfehlungen fehlt. Doch was sollten das für Fakten sein, anhand derer sich der unwissende Koihalter halbwegs orientieren kann? Aus meiner persönlichen Sicht gibt es da einige Dinge, die jeder beurteilen kann. Auch ohne wissenschaftliche Analysen.

Fressakzeptanz – Ganz wichtig erscheint mir doch, dass die Koi ein Futter gerne fressen mögen. Und da musste ich selbst schon deutliche Unterschiede ausmachen. Von Ausspucken, über normale Futteraufnahme bis hin zu wirklich gierigen Fressverhalten habe ich schon alles erlebt. Und wenn ich ehrlich bin, macht es mir als Koihalter definitiv mehr Spaß, wenn die Fische sich auf das Futter stürzen als es nur beiläufig einzusammeln.

Wassertrübung – Ein wichtiges Thema für mich, denn ich mag es, wenn der Teich relativ klar bleibt. Das ist nicht nur ein optischer Aspekt, sondern zeigt einem auch direkt, dass weniger Wasserbelastung durch Schwebstoffe vorliegt. Das Futter sollte also nicht innerhalb kurzer Zeit im Wasser zerfallen und sich auflösen. Außerdem möchte ich auch keinen feinen Abrieb in Form von Staub haben, den man in manchen Futtertüten findet. Das kann man seinen Fischen nicht zu fressen geben und ist dann bezahlter Abfall. Auf der anderen Seite möchte ich diesen Abrieb auch nicht aufgelöst im Teich haben. Und daran anschließend sollte das Futter auch beim Verlassen des Koi den Teich nicht unnötig einfärben, sondern von der Filteranlage gut herausgefiltert werden können. Alle diese Dinge kann man selber recht schnell und einfach beurteilen.

Wachstum – Machen wir uns nichts vor. Als Koihalter hat man auch Spaß, wenn sich die eigenen Fische entwickeln. Gerade das Koi relativ groß werden können, macht für viele den Reiz aus. Um zu wachsen, brauchen die Koi Nahrung, die sie gut für den Zellaufbau verwenden können. Und je besser Sie diese Nahrung verwerten, desto mehr können Sie die aufgenommene Energie in Wachstum umsetzen. Ob die eigenen Koi wachsen, sollte auch jeder selber feststellen können. Dazu lohnt es sich allerdings ein bestimmtes Futter mal über eine ganze Saison zu verwenden, da eine Beurteilung sonst eher wenig aussagekräftig ist.

Vitalität – Der Faktor Gesundheit und vor allem Gesunderhaltung sollte auch von jedem selbst beurteilt werden können. Vitale Koi haben eine starke Selbstheilung bei kleinen Verletzungen, wirken agil im Wasser und sollten insgesamt den Eindruck vermitteln, dass es Ihnen gut geht. Ich denke jeder kennt hier seine Fische am besten und ebenso deren Eigenheiten. Auf jeden Fall ein Kriterium, welches man ebenso leicht beurteilen kann.

Sollte jemand zwei oder noch mehr Futtersorten mit den bisher wähnten Punkten als gut beurteilen können, ist jetzt der Preis an der Reihe.

Der Preis – Die Frage nach dem Preis eines Futters wird durchaus manchmal ins lächerliche gezogen. Aus meiner Sicht ist das nicht verständlich. Natürlich möchte ich als Koihalter ein gutes Preis-Leistungsverhältnis haben. Und die Preisspanne im Segment der Koifutter ist durchaus groß! Von 3 bis 15 Euro je Kilo, bekommt man am Markt fast alles. Je nach Jahresbedarf am eigenen Teich, können das hochgerechnet mehrere hundert Euro unterschied sein. Ich habe daher vollstes Verständnis dafür, wenn jemand nicht bereit ist sein Geld unnötigerweise ausgeben zu wollen. Und wenn ich am Ende ein Futter finde welches eine gute Fressakzeptanz, keine Wassertrübung, ein solides Wachstum und vitale Koi hervorbringt, sollte man sich schon fragen dürfen ob das nun unbedingt 10 oder 3 Euro pro Kilo kosten muss, wenn es letztendlich dasselbe Ergebnis erzielt.

Die Beurteilung der Inhaltsstoffe, Vitamine und der ganze Zirkus kann im Grunde nur wissenschaftlich erfolgen. Das kann ein Privatmensch also niemals nachvollziehen ohne eine große Versuchsanlage aufzubauen, mit mehreren Becken und nahezu identischen Koibeständen. Er muss die Tiere dann pausenlos wiegen und die Wasserqualität beurteilen. Und ich verspreche euch, das Ergebnis wird trotzdem unbrauchbar sein. Denn jeder Teich ist anders und jeder Koibestand ist anders, genauso wie fast jeder Filter anders ist. Daher sollte man sich lieber an den Dingen orientieren, die wir in der Realität auch selber beurteilen können. Also jedem gesunden Menschenverstand zugänglich sind.

Ich würde mir ja wünschen, dass Futterdiskussionen eher nach dem von mir erwähnten Schema geführt werden würden. Das z.B. jemand schreibt ich verwende Futter XY bereits über einen Zeitraum von X Monaten. Die Auswirkungen auf das Wasser und die Koi sind folgendermaßen…. Das ist am Ende immer noch eine subjektive Meinung, aber wenn es davon drei Beschreibungen geben würde, könnte sich der Fragensteller trotzdem viel eher eine Meinung bilden.

Wieviel Futter sollte man geben?

Grundsätzlich empfehle ich als allererstes die Herstellerangabe zu beachten. Empfiehlt der Hersteller im Sommer maximal 1 % vom Fischgewicht zu füttern, sollte man sich auch daran orientieren. Kann man sich darüber streiten? Ja, kann man. Gerade kleine Koi können in ihrem ersten Lebensjahr immerhin bis auf 50 cm und darüber hinauswachsen und brauchen dafür enorme Mengen an Nahrung in Relation zu ihrem Körpergewicht. Also können Sie durchaus auch größere Mengen als 1 % ihres Körpergewichtes, pro Tag, verarbeiten. Jedoch haben wir in unseren Teichen meistens ein Problem. Und zwar haben wir Mischbestände mit Koi unterschiedlichen Alters. Weil aber hohe Futtermengen ältere Koi eher belasten, macht es durchaus Sinn sich an die Vorgaben des Futterherstellers zu halten. Hier gilt: Weniger ist oftmals mehr. Dabei geht es vor allem um die Gesunderhaltung der Fische und um diese vor einem Verfetten zu bewahren. Natürlich unterscheiden sich einige Futter auch dadurch, dass sie eine viel höhere Energiedichte aufweisen als andere. Solche hochenergetischen Futter die oft auch als spezielle Wachstums- oder Grower-Futter bezeichnet werden, sind immer mit Bedacht einzusetzen. Es ist also enorm wichtig, dass der Teichbesitzer darauf achtet was für einen Bestand er vor sich hat und welches Futter in welcher Menge verwendet wird.

Ich kann empfehlen mindestens einmal im Jahr folgendes zu machen: Das Gesamtfischgewicht in Kilogramm zu bestimmen. Dazu ist es wichtig, dass man die Größe der eigenen Koi kennt. Meistens kennt man diese aber nicht zu jederzeit. Tatsächlich reicht es meistens die Größe einiger weniger Koi zu kennen. Somit lassen sich die anderen grob einschätzen. Alternativ sucht man sich einen Bereich im Teich, an dem die Koi oft entlang schwimmen und dessen Größe man messen kann. Auch daran kann man letztendlich die Größe der Koi einschätzen. Wer es jedoch genau machen möchte, sollte einmal im Herbst oder Frühjahr alle Fische vermessen. Das Ganze kann auch als Gesundheitscheck durchgeführt werden, bei dem jeder Fisch gleichzeitig inspiziert wird. Dabei reicht es meist aus, die Fische direkt im Teich in eine Messwanne zu leiten. Somit braucht man die Koi nicht aus dem

Wasser heben und kann sie nach dem Messvorgang, durch das Kippen der Wanne, wieder in die Freiheit entlassen.

Hat man nun die genauen oder Schätzgrößen der Fische, lohnt es sich eine Liste anzulegen. Ich habe das in Excel gemacht, wo ich die Varietät, den Züchter, das Geschlecht, das Geburtsjahr und die Größe hinterlegt habe. Macht man das jedes Jahr aufs Neue kann auch schön die Entwicklung der Koi nachvollzogen werden. Anhand der Größe kann nun auch das Gewicht bestimmt und letztendlich auch die Futtermenge, welche für den aktuellen Bestand geeignet wäre.

Nr.	Varietät	Züchter	Geschlecht	Geburtsjahr	Alter Jahre	Größe bei Kauf cm	Größe Gesamt Okt 19	Zuwachs cm	Gewicht g
1	Chagoi	Marudo	m	2014	6	44	64	20	4.430
2	Mukashi Ogon	Matsue	w	2015	5	17	67	50	6.256
3	Benigoi	Marusei	w	2015	5	66	75	9	8.775
4	Ginrin Showa	Senuma	m	2015	5	50	55	5	2.812
5	Showa	Senuma	w	2015	5	55	66	11	5.980
6	Yamabuki	Izumiya	w	2016	4	50	63	13	5.201
7	Kujaku	Kaneko	w	2015	5	52	55	3	3.461
8	Karashi	Yamazaki	w	2016	4	37	58	21	4.058
9	Ginrin Chagoi	Marudo	w	2015	5	56	65	9	5.712
10	Chagoi grau	Marusei	w	2016	4	57	65	8	5.712

Tabelle eines Privatbestandes mit Größen- und Gewichtsangaben

Ausgehend der Größe der Koi gibt es im Internet diverse Tabellen die das Durchschnittsgewicht von Koi aufzeigen. Man kann sich also das Gewicht der Fische in seine eigene Tabelle eintragen. Errechnet man sich nun daraus die Summe, erhält man das Gesamtfischgewicht seines Teiches. Nun ist es ein leichtes sich auszurechnen wieviel Gramm Futter man für z.B. 1 % Fischgewicht, verwenden muss.

Welche Faktoren begrenzen die Futtermenge?

Da Koi wechselwarme Tiere sind, arbeitet Ihr Organismus bei hohen Wassertemperaturen dementsprechend schneller. Also auch Ihre Verdauung. Manche Hersteller empfehlen z.B. erst ab einer Wassertemperatur von 23 Grad das Maximum zu füttern. Im

Bereich zwischen 15-18 Grad wird nur noch 50 % der Maximalmenge pro Tag empfohlen und zwischen 8-10 Grad sollten nur noch sehr wenige Pellets in den Teich fliegen. Wenn die Koi am Boden überwintern und stillliegen, wird die Fütterung komplett eingestellt. Dies ist aber je nach Hersteller unterschiedlich und sollte dementsprechend beachtet werden. **Die von mir hier gemachten Angaben dürfen keinesfalls für ein beliebiges Futter übernommen werden!** Eine Überfütterung bei kalten Wassertemperaturen kann sich leider schnell negativ auswirken, da die Verdauung nicht mehr schnell genug abläuft und es zu Gähr- oder Faulungsprozessen im Darm kommen kann. Sollten die Koi das Futter auf Grund der niedrigen Temperaturen gar nicht mehr anrühren, bleibt es im Teich liegen. Es geht in Lösung und steht als Nährboden für Algen und Bakterien zur Verfügung, welche sich negativ auf den Teich und die Koi auswirken können.

Ein weiteres Kriterium welches die Futtermenge begrenzt ist die Filterkapazität. Solltet man im Sommer das Maximum füttern wollen, dann empfiehlt es sich die Futtermenge ab dem Frühjahr langsam zu erhöhen. Die Filterbakterien müssen die Ausscheidungen der Koi, also das Ammonium und später das Nitrit, auch abbauen können. Da Filterbakterien aus Zellteilung entstehen und sich die Teilungsrate auch nach der Temperatur und Futtermenge richtet, braucht der Filter Zeit sich auf höhere Futtermengen einzustellen. Hier hilft nur regelmäßig Messen und sicherstellen, dass der Filter die Ausscheidungen auch wieder abbaut. Natürlich muss der Filter zum Teich und dem darin lebenden Besatz passend dimensioniert sein. Sollten morgens noch deutliche Spuren an Nitrit oder Ammonium im Teich messbar sein, obwohl die letzte Fütterung etliche Stunden zurückliegt, kann es sein, dass der Filter zu klein dimensioniert ist, oder einfach nicht richtig funktioniert. Dies bedarf aber wie so oft einer Einzelfallbetrachtung.

Der Sauerstoffwert ist von allen Faktoren der wichtigste. Er begrenzt die Futtermenge maßgeblich. Um das ganze Futter zu verwerten brauchen die Koi den Sauerstoff der im Wasser vorhanden ist. Auch die Filterbakterien benötigen diesen Sauerstoff. Und je mehr Futter in den Teich fliegt, desto mehr Sauerstoff wird von allen Beteiligten benötigt. Auch hier hilft nur Messen und zuverlässig prüfen ob das System der Futtermenge gewachsen ist und ob es eventuell eine zusätzliche Sauerstoffzufuhr benötigt. Sollte der Sauerstoffwert in kritische Bereiche abfallen, ist schnelles Handeln gefragt.

Was ist Koifutter eigentlich?

Eine Frage die ich mir nach intensiver Recherche immer wieder gestellt habe. Physiologisch gesehen sind Koi einfache Karpfen. Und damit steht festgeschrieben wie das Ernährungsprofil aussehen muss. Schauen wir rüber zu den Speisekarpfen besteht dort eine hochwissenschaftlich betriebene Industrie zur Aufzucht dieser Tiere. Dort geht es um jeden Cent der eingespart werden kann und um maximale Effizienz, was das Wachstum der Tiere betrifft. Meistens sind die dort verwendeten Futter bestens auf den Bedarf der Tiere eingestellt und wesentlich günstiger als die Futter, deren Tüten mit einem bunten Koi bedruckt sind. Solche Industrie-Karpfenfutter werden aus der Koiszene heraus oft als Mastfutter bezeichnet. Die Speisekarpfen sollen nämlich nach 2-3 Jahren soweit sein, dass sie verwertet werden können.

Zieht man mal einen kritischen Vergleich, dann soll der Koi von heute (so wird es jedenfalls von vielen Koihaltern gelebt) mit drei Jahren auch bereits 60-70cm groß sein. Viele als HighEnd-Koi bezeichnete Tiere erreichen diese Größen schon im zweiten Lebensjahr. Hier erkenne ich persönlich noch keinen Unterschied zum Industriekarpfen, welcher diese Entwicklung ja ebenfalls durchlaufen soll. Die Koi werden bereits einjährig warm gehältert und über den Winter, mit viel Futter, zu sogenannten Jumbo Tosai herangezogen. Ambitionierte Kunden kaufen diese Tiere für viel

Geld und ziehen sie meist in ebenso warm gehaltenen Anlagen, wieder mit viel Futter, zu sehr großen zwei- und dreijährigen Fischen heran. Somit erreichen einige dieser Tiere bereits die Jumbokoi-Größe von über 80cm in ihrem vierten Lebensjahr.

Vergleicht man die Herangehensweisen, handelt es sich aus meiner Sicht bei beiden Varianten um eine Mast bei der schnelles Wachstum und Volumenaufbau, nach möglichst kurzer Zeit, angestrebt werden. Beide Varianten erfordern hochenergetische Futter mit hohen Anteilen an Proteinen. Bedenkt man nun das sowohl das Futter für Industriekarpfen als auch das für Koi, aus ein und derselben Futtermühle kommen, muss man sich schon fragen ob es den Begriff Koifutter eigentlich geben dürfte. Zumindest sollte sich der Kunde fragen ob ein Koi-Futter mit einem sehr hohen Verkaufspreis, diesen wirklich wert ist, oder ob er nicht einer wesentlich günstigeren Marke den Zuschlag gibt, welche dasselbe Ergebnis erzielt.

Die Vergesellschaftung von Koi

Neue Koi. Immer wieder eine spannende Sache. Oft ist die Vergesellschaftung der Fische ein heiß diskutiertes Thema, da es tatsächlich nicht selten und gerade nach dem Zusetzen neuer Koi, zu Problemen kommt. Warum es da eine Problematik gibt? Koi mit unterschiedlicher Herkunft leben immer mit unterschiedlichen Einflüssen. Jeder Teich und auch jedes Händlerbecken ist letztendlich ein eigener Mikrokosmos. Koi müssen sich daher ständig mit dem auseinandersetzen, was um sie herum im Wasser so los ist. Dabei geht es vorwiegend um Parasiten und Bakterien, die die Koi mit Ihrem Immunsystem abwehren müssen. Es ist nicht viel anders als beim Menschen. Hat sich ein Koi an seine Umgebung gewöhnt, kommt er in den meisten Fällen auch sehr gut mit den Belastungen zurecht. Kommt er jedoch in eine andere Umgebung und trifft auf andere Koi, dann müssen sich beide Parteien erst einmal mit den neuen Keimen und Parasiten auseinandersetzen, die der andere mitbringt oder eben der neue Lebensraum. Das kann völlig unproblematisch sein, aber auch zu starken Abwehrreaktionen bei den Fischen führen. Bis hin zum direkten Ausbruch von Krankheiten. Genau deshalb ist es ratsam bei der Vergesellschaftung von Koi einige Dinge zu beachten, die es den Fischen leichter machen sich an neue Bedingungen zu gewöhnen und dem Koihalter ebenso viel Stress und Geld ersparen können.

Allgemeines zur Vergesellschaftung

Euer Händler hat gerade aus Japan importiert und die Fische haben 4 Wochen Quarantäne hinter sich? Hier würde ich locker noch 2-4 Wochen hinten dranhängen. Koi die zu hunderten in den Becken der Züchter schwammen, mehrfach zum Begutachten gefangen, in einem kleinen Karton aus Japan über 24-30 Stunden verfrachtet wurden und sich dann gerade einmal 4 Wochen beim Händler befinden, haben längst nicht den ganzen Stress abgebaut. Und Stress ist einfach nur eines: Gift für das Immunsystem! Tut euch den Gefallen und gebt den Fischen Zeit. Ihr könnt gerne kaufen, aber lasst die Fische noch etwas beim Händler.

Händler sortieren Koi nach dem Import, im Normalfall, nach den jeweiligen Züchtern. Die Fische jeden Züchters kommen alle aus einem anderen Milieu. Andere Bakterien, andere Parasiten, also alles was es an Kleinkram auf der Schleimhaut des Koi zu finden gibt. Würden die frisch importierten Koi sofort alle in dasselbe Becken kommen, würde es wahrscheinlich eine starke Kreuzverkeimung nach sich ziehen. Und dieser Fakt ist durchaus auch für euch und die spätere Vergesellschaftung wichtig. Nicht ohne Grund empfehlen einige Händler der Einfachheit halber, nur Koi eines Züchters zu kaufen, um dieser Problematik weitestgehend aus dem Weg zu gehen. Doch nicht so voreilig. Was sich leicht als logische Schlussfolgerung liest, ist aus meiner Sicht nur ein für den jeweiligen Händler verkaufsförderndes Argument.

Nachdem die Koi also die Quarantäne beim Händler absolviert haben, kommen sie meistens in Verkaufsbecken. Dort werden Sie oft zum ersten Mal vergesellschaftet. Hier sehe ich einen riesigen Vorteil für den Endkunden, denn je mehr unterschiedliche Züchter beim Händler im Becken schwimmen und vor allem je länger die Koi dort schon zusammen schwimmen, desto eher haben sie sich mit den ganzen unterschiedlichen Bakterien arrangiert. Sie erlangen also eine gewisse Robustheit und das Immunsystem lernt mit diesen Gegebenheiten umzugehen. Ich würde immer einen Koi bevorzugen, der beim Händler bereits mehrere Wochen oder Monate mit Koi anderer Züchter geschwommen ist. Das sind meiner Meinung nach dann die Fische, die Zuhause nach dem Zusetzen eher weniger Probleme bereiten.

„Alle Händler die nicht bei sich in der Anlage vergesellschaften, wälzen meiner Meinung nach das Problem auf den Kunden ab."

In der Realität kauft man als Kunde sowieso drei oder vier Koi aus unterschiedlichen Becken und setzt diese Zuhause dann zusammen. Es ist also aus meiner Sicht witzlos bei problemfreien Verkaufsanlagen für jedes Becken einen eigenen Kescher und eigene Wannen zu verwenden. Die Fische kommen beim Kunden sowieso zusammen! Natürlich sollten die Händler Becken, mit offensichtlichen Problemen separieren und der Kontakt zu den anderen Koi der Anlage unterbunden werden. Bei gesunden Fischen kann es aber nur vorteilhaft sein, wenn diese bereits beim Händler untereinander möglichst viel Kontakt hatten.

Und es gibt tatsächlich Händler die das auch so handhaben und von vorn herein die Koi bei sich in der Anlage vergesellschaften. Und ich sehe sogar für den Händler hier einen Vorteil. Kunden mit robusten Fischen, die problemfrei in den Teich integriert werden konnten, ohne nach 1-2 Wochen wieder auf der Matte zu stehen, sind doch auch die Kunden, die ich als Händler haben möchte. Außer ich will als Händler im Anschluss gleich noch Medikamente verkaufen.

Und jetzt kommt so etwas wie eine goldene Regel beim Vergesellschaften:

„Man sollte gut konditionierte Koi mit nach Hause nehmen und zu gut konditionierten Koi in den eigenen Bestand integrieren!"

Gut konditioniert sind Koi meiner Auffassung nach nur dann, wenn sie mehrere Wochen bei +16 Grad und mehr gehalten wurden und regelmäßig Futter bekommen haben. Sogar so viel, dass sie wachsen. Nur dann ist das Immunsystem auf hohen Niveau und der Fisch robust und bereit sich problemlos mit neuen Bedingungen auseinanderzusetzen. Koi die bei einem Händler bei 8-10 Grad schwimmen und jede Woche nur eine Hand voll Futter bekommen, sind mit Sicherheit nicht in Topkondition. Hier beißt sich der Koihalter oft selbst in den Hintern. Denn top konditionierten Koi, die warm schwimmen und ordentlich gefüttert werden, verursachen natürlich Kosten für den Händler. Damit müssen sie zwanghaft teurer sein, als Koi die bei wenig Futter und ohne Heizung schwimmen. Man merkt also wieder einmal, dass gute Koi und vor allem gut konditionierte Koi, die wahrscheinlich weniger Probleme bereiten, ihren Preis haben müssen. Und ich als Koihalter muss bereit sein dafür aufzukommen, oder bereit sein die Risiken einzugehen, die günstige Fische mit sich bringen. Außerdem möchte ich auch noch erwähnen, dass ich es nicht für vorteilhaft halte, wenn Händler Ihre Koi kalt überwintern und in dieser Zeit vergesellschaften. Bei Temperaturen unter 16 Grad findet keine echte Vergesellschaftung statt, da Parasiten und Bakterien genauso wie die Koi im Winterschlaf sind. Die Probleme treten meistens dann erst auf, wenn ich mir Ende April einen Fisch mit nach Hause nehme und die Temperaturen langsam steigen. Erst dann bekommt der Koi einen „Kulturschock!" da er alles verarbeiten muss, was bei kühlen Temperaturen nicht stattgefunden hat. Also wieder eine Verlagerung des Problems vom Händler auf den Kunden.

Sofern Ihr Zuhause schon einen Bestand habt, der sich aus verschiedenen Züchtern zusammensetzt, seid auch Ihr, bzw. eure Koi im Vorteil. Bereits gut vergesellschaftete Bestände die mehrere Monate gesund schwimmen, sind ebenso robuster, als ein Bestand nur eines Züchters. Ich sage extra Mal nicht nur eines Händlers. Sicherlich ist es empfehlenswert seine Fische von nur einem Händler zu beziehen. Gegenseitiges Vertrauen und die Möglichkeit auf das Knowhow des Händlers zurückgreifen zu können, sind durch nichts zu ersetzen. Allerdings kenne ich selber die Problematik, dass auch andere Händler schöne Koi haben. Weiterhin ist es von Vorteil, wenn euer Bestand es gewohnt ist jedes Jahr mit neuen Koi in Kontakt zu kommen. Die Fische mussten also bereits mehrfach lernen sich mit neuen Erregern auseinanderzusetzen. Übrigens:

„Die Koibestände mit den allerwenigsten Problemen, sind meistens die, wo kein Fisch mehr dazu gesetzt wird. Es ist tatsächlich so, dass einer der größten Auslöser für Probleme am Teich, dass Zusetzen neuer Koi ist."

Welcher Zeitpunkt ist beim Vergesellschaften ideal?

Tatsächlich gibt es zu keinem Zeitpunkt eine risikofreie Vergesellschaftung. Es gibt nur Möglichkeiten das Risiko zu minimieren. Völlig ausschließen kann man Probleme bei der Vergesellschaftung nicht!

Ausgehend eines Teiches, der nicht beheizt und den normalen Temperaturschwankungen eines Jahres ausgesetzt ist, sollte man Neue Koi immer erst dann einsetzen, wenn die Wassertemperatur konstant über 16 Grad liegt und einen Aufwärtstrend hat. Warum? Weil das Immunsystem der Koi erst bei diesen Temperaturen aktiv wird. Wie bereits erwähnt sind Koi wechselwarme Tiere, die ihre Aktivität der Wassertemperatur anpassen. Als optimal bezeichne ich sogar, wenn der Altbestand im Teich schon 4-5 Wochen bei über 16 Grad schwimmt. Erst dann sind die Fische so langsam wieder richtig fit und der Winterstress abgebaut. Das ist in Deutschland oft erst ab Ende April oder im Mai der Fall. Mit etwas Pech auch erst im Juni. **Daher halte ich den Juni für einen der geeignetsten Monate um neue Koi zuzusetzen.** Juli auch noch. August schon unter Vorbehalt. Ende August gehen die Temperaturen manchmal schon wieder runter und man sollte versuchen seine Koi im August und September vollkommen gesund auf den Winter vorbereiten. Das kann aber ganz schnell in die Hose gehen, wenn neue Koi dazu kommen, es Probleme gibt, Behandlungen nötig werden und die Koi dann nicht gefüttert werden können. Sofern der Teich nicht geheizt werden kann, so dass auch bei sinkenden Temperaturen im August oder September noch 20 Grad Wassertemperatur gehalten werden kann, sollte man von einer Vergesellschaftung zu dieser Jahreszeit absehen.

Das absolute No-Go

Ein Umstand der jede Vergesellschaftung ausschließt, sind offensichtlich kranke Fische. Egal ob im eigenen Teich, oder im Becken des Händlers. Das umfasst abstehende Schuppen, offene Wunden oder Parasitenbefall der sich durch Scheuern oder anhaltendes Abliegen äußert.

Hier gilt nur eine Empfehlung: **Abbruch!**

Kommuniziert das Problem mit eurem Händler. Gute Händler haben damit kein Problem und behalten auch bereits erworbene Fische vorerst zurück.

Doch gehen wir einen Schritt weiter. Endlich Zuhause angekommen stehen also die Transportkartons im Kofferraum und die Koi warten darauf ausgetütet zu werden. Wie ist nun das richtige Vorgehen?

Das Thema Futterpause

Wie war das noch? 3-5 Tage vor dem Zusetzen den Altbestand nicht füttern und 2-3 Tage danach? Oder noch länger? Oder alles nur Quatsch? Der eine macht es, der andere nicht. Was man sicherlich sagen kann, dass die Koi des Altbestandes sich ohne Futter nochmal entledigen können. Man reduziert also durch eine Futterpause die Ausscheidungen im Wasser, wodurch sich die Wasserqualität für den Zeitpunkt des Zusetzens verbessern kann. Feste Ausscheidungen, sowie Ammonium und Nitrit werden auf ein sehr niedriges Niveau gebracht, welches die Fische entlastet. Außerdem bleibt den Koi dann mehr Energie, welche sie dem Immunsystem zur Verfügung stellen können, anstatt diese für die Verdauung zu verwenden. Allerdings wird auch dieses Thema bei vielen Koihaltern unterschiedlich gehandhabt. Meine Empfehlung wäre den Altbestand 3-4 Tage nicht zu füttern, dann die Neuen zuzusetzen und dann nochmal 5-7 Tage Futterpause einzulegen.

Mit oder ohne Salz

Eine Salzkonzentration im Wasser reduziert den osmotischen Druck auf den Koi. Koi müssen ständig und aktiv Wasser aus ihrem Körper ausscheiden. Das verbraucht Energie, welche dementsprechend nicht für das Immunsystem zur Verfügung steht. Außerdem bewirkt Salz das die Koi ihre Schleimhaut absondern und Erneuern müssen. Dadurch werden unter anderem Parasiten oder Bakterien abgeworfen oder gleich unschädlich gemacht. Wir reden hier von Salzkonzentrationen von 0,2 bis 0,5 %. Dies entspricht zwei bzw. fünf Kilogramm auf 1.000 Liter Wasser. Diese Konzentration sollte dann während der Vergesellschaftung über einen Zeitraum von zwei bis drei Wochen gehalten werden. Man muss sagen, dass Salz dahingehend richtige Vorteile bietet und eine Vergesellschaftung wirklich unterstützen kann. Allerdings braucht es nicht unerhebliche Mengen bei diesem Vorgehen. Weiterhin wird sich auch die Teichbiologie mit dem Salzgehalt arrangieren müssen, ebenso wie die Teichtechnik, die meist nicht für den Betrieb mit Salzwasser ausgelegt ist. Ich selbst bin überzeugt von der Wirksamkeit von Salz, bin aber kein Freund von einem echten Aufsalzen des ganzen Teiches, da es den Biofilter und die

Teichtechnik negativ beeinflussen kann. Es wird trotzdem von vielen Koihaltern bei der Vergesellschaftung angewendet.

Vergesellschaftung mit Quarantäne

Eine Variante die die möglichen Risiken stark mindern kann, ist eine separate Quarantäne der Koi. Also ein extra Becken, mit extra Filter, mit Heizung und konstanten Temperaturen. Hier werden die neuen Koi vorerst platziert. Sie schwimmen ohne Kontakt zum Altbestand oder zum Wasser des Teiches. Die neuen Fische bekommen einen Abstrich der unter dem Mikroskop auf Parasiten untersucht wird. Eine bakterielle Untersuchung im Labor ist ebenso möglich. Sollten die Neuen laut Befund ohne Auffälligkeiten sein, werden über einige Tage kleine Mengen Teichwasser hinzudosiert. Somit sollen sich die Fische an die Bakterienkulturen im Teich gewöhnen. Das Quarantäne Becken kann dabei auf 0,2% bis 0,5% auf gesalzen werden. Wenn die Koi dann nach weiteren 1-2 Wochen auf 100 % Teichwasser schwimmen und immer noch unauffällig sind, werden ein bis zwei Pilotfische aus dem Teich in die Quarantäne gesetzt. Der Kontakt zwischen den Neuen und den Alten soll jetzt kontrolliert auf kleinem Raum stattfinden. Bei Problemen kann sofort eingegriffen werden. Behandlungen sind auf kleinem Volumen nicht so teuer und man gefährdet nicht seinen kompletten Altbestand. Nach weiteren 2-4 Wochen ohne Auffälligkeiten können dann alle Fische in den Teich übernommen werden. Man geht davon aus, dass wenn bis jetzt keine Probleme vorliegen, auch im Teich keine vorliegen werden. Während der Zeit in der Quarantäne Anlage werden die Koi nicht gefüttert.

Ich persönlich bin ich von diesem Vorgehen nicht 100 % überzeugt. Auch ich selbst habe schon einmal eine Quarantäne durchgeführt. Man braucht natürlich Platz für eine Quarantäne-Anlage. Weiterhin kann man nicht ausschließen, dass man im Teich Fische hat die trotzdem anders reagieren als die Pilotfische. Eventuell hat man ja genau die immunstarken Fische in der Quarantäne, aber die schwachen im Teich. Weiterhin läuft so eine Quarantäne über viele

Wochen und die Fische im Teich können am Ende ganz anders drauf sein, als die die in der wohlbehüteten Quarantäne schwimmen. Weiterhin befinden sich die Koi in einem relativ kleinen „Lebensraum". Es könnte also zusätzlicher Stress ausgelöst werden. Ich bin überzeugt davon, dass ein gut funktionierender Teich immer der Ort ist, welcher den wenigsten Stress auf die Koi ausübt. Egal ob es die Neuen Koi sind, oder Fische des Altbestandes. Und ich bin überzeugt, dass Stressvermeidung in den meisten Fällen der Schlüssel zum Erfolg ist, wenn Koi vergesellschaftet werden.

Fische direkt zusetzen

Die einfachste und nach meiner Auffassung geeignetste Variante für die meisten Koihalter, ist das direkte Zusetzen. Ich behaupte sogar, dass 90 % der Koihalter ihre neuen Fische sowieso direkt in den Teich setzen müssen, da sie gar nicht die Möglichkeit haben eine Quarantäne-Anlage zu betreiben. Mir selbst geht es da ähnlich. Das Zusetzen sollte in etwa wie folgt ablaufen: Es muss eine Wanne mit Teichwasser bereitgestellt werden in die die neuen Koi samt verschlossener Tüte gelegt werden. Der oder die Koi werden nun in der Wanne ausgetütet. Sie sollten zügig nach dem Öffnen der Tüte aus dem Transportwasser in eine Wanne mit Teichwasser gesetzt werden. Während des Transportes scheiden die Koi weiter Ammonium über die Kiemen ab. Daher liegt meist eine hohe Ammonium-Konzentration und ein niedriger PH-Wert im Transportwasser vor. Das ist kein Problem, da Ammonium bei geringen PH-Werten größtenteils ungiftig für die Koi ist. Erst bei Erhöhung des PH-Wertes wandelt sich das Ammonium in Ammoniak, welches ein starkes Fischgift darstellt. Daher sollte man das Transportwasser z.B. niemals stark belüften. Dies erhöht den PH-Wert. Man sollte den Koi nach dem Austüten immer zügig in eine weitere Wanne mit Teichwasser setzen und das Transportwasser entsorgen. In der Wanne mit Frischen Wasser kann man den oder die neuen Koi nun nochmals drehen, wenden, untersuchen und vermessen. Es besteht weiterhin die Möglichkeit eines Kurzzeit-Salzbades oder mit einem Desinfektionsmittel. Dadurch sollen Mögliche Keime oder Parasiten auf den Neuen Fischen reduziert oder sogar abgetötet werden. Sollte alles in Ordnung sein, werden die Fische mit einem Schlauchkescher in den Teich gesetzt. Eigentlich ganz einfach. Das Wichtigste hierbei: Keine großen Temperaturunterschiede von Transport- zum Teichwasser und kein Transportwasser mit in den Teich geben.

Natürlich funktioniert dieses Vorgehen nur problemfrei, wenn alle in den vorherigen Kapiteln genannten Aspekte berücksichtigt werden. Also wie gut sind die Fische beim Händler vorbereitet, wie gut läuft der Teich aktuell und man sollte auch berücksichtigen wie gut man selbst die Situation beurteilen kann und ob man schnell auf auftretende Probleme reagieren und Gegenmaßnahmen einleiten kann. Natürlich spielt auch die Länge des Transportweges vom Händler nach Hause eine Rolle. Ein Transport von 2 Stunden ist was anderes, als ein Transport über 6-8 Stunden.

Ich habe nun die gängigsten Methoden beschrieben die praktiziert werden. Ich selbst kann mich für keine zu 100 % aussprechen und wie vorweg erwähnt gibt es auch keine Gewähr und keine 100 % Sicherheit, egal welchen Weg der Koihalter nun wählt.

So vergesellschafte ich selbst

Einen bis zwei Tage bevor neue Fische kommen, setze ich die Fütterung im Teich aus. Am nächsten Tag hole ich die neuen Fische persönlich ab. Ich tüte Sie wie beschrieben aus und inspiziere sie nochmals. Danach setze ich sie mit einem Schlauchkescher in meinen Teich. Wichtig zu diesem Zeitpunkt: Der Altbestand und auch die Neuen, sind in top Kondition! Nach dem Zusetzen entsteht immer eine gewisse Unruhe im Teich. Die Fische fangen oft an sich zu jagen. Nicht selten springt auch mal einer aus dem Wasser. Nach spätestens einer Stunde fange ich an einige wenige Pellets Futter in den Teich zu gegeben. Meine Beobachtung ist, dass die Koi sich dann auf das Futter konzentrieren und urplötzlich Ruhe einkehrt. Und hier sehe ich einen Vorteil. Ruhe bedeutet weniger Stress. Und Stress ist wie jetzt schon oft erwähnt ein Auslöser, der die Koi anfällig macht. Die Fütterung erfolgt einige Tage in wirklich nur sehr kleinen Mengen. Weiterhin lasse ich dem Teich während der Vergesellschaftung außerordentlich viel Frischwasser zulaufen. Frischwasser ist meiner Erfahrung nach die Beste Medizin bei vielen Dingen am Koiteich. Ein Frischwasserzulauf verdünnt alles, was im Teich vorhanden ist und reduziert damit auch den allgemeinen Keimdruck. Sollten in den nächsten 2 Wochen keine Probleme auftreten, ist die Vergesellschaftung so gut wie durchstanden. Gefallen mir die Umstände nach einigen Tagen nicht, kann ich immer noch mit Salz nachhelfen und/oder die Fütterung komplett aussetzen.

Welche Probleme können beim Vergesellschaften auftreten?

Ich habe jetzt oft das Wort „Probleme" erwähnt. Was genau meine ich damit eigentlich? Wer ein wenig das Internet bereist, wird z.B. auf den Begriff **Kreuzverkeimung** treffen. Hierunter ist letztlich eine Unverträglichkeit der Koi, gegenüber Bakterien zu verstehen. Dies kann sich unterschiedlich äußern. Manche Koi werden kurz nach der Vergesellschaftung knallrot, andere liegen nur noch ab und in wieder anderen Fällen sind die Bakterien so aggressiv, dass die Koi rote Schuppen, angefressene Flossenränder, zerfressene Kiemen oder sogar richtige Fleischwunden bekommen. Man spricht bei Letzteren dann auch von Loch-Fraß. Solche Dinge sind dann zwingend durch einen auf Koi spezialisierten Tierarzt untersuchen zu lassen, der eine Behandlung empfehlen wird. Dabei müssen Abstriche genommen, die Bakterien und Keime identifiziert und geeignete Gegenmaßnahmen eingeleitet werden. Also alles mit wenig Spaß verbunden. Daher wird teilweise auch ein so großer Aufwand um das Thema Vergesellschaftung betrieben. Alles in der Hoffnung, dass keine gesundheitlichen Schäden auftreten. Ich denke das kann man nun auch gut nachvollziehen. Wer viele, große und liebgewonnene Koi im Teich hat, möchte mitunter alle Risiken minimieren, die es zu minimieren gibt.

Eine Kreuzverkeimung tritt meist sehr schnell in Erscheinung. Innerhalb weniger Tage sind die daraus entstehenden Probleme zu erkennen. Wenn nach den ersten 3-4 Tagen nichts ersichtlich ist, hat man meiner Meinung nach **Phase 1** überstanden. **Phase 2** läuft dann circa bis zur 3. Woche. Dies ist meist der Zeitraum den Parasiten als Inkubationszeit benötigen, um sich richtig zu vermehren. Sollte auch dann nichts zu erkennen sein, hat man es fast geschafft. **Phase 3** streckt sich dann nochmal bis zur 6. Woche. Danach sollten die Fische Stressfrei sein und einem sorgenfreien Teichbetrieb sollte nichts mehr im Wege stehen.

Das Verhalten von Koi

Einer der Hauptgründe warum Koi so viel Beliebtheit erlangen ist ihre zutrauliche Art. Nur wenige andere große Fische lassen sich anfassen, streicheln und fressen teilweise direkt aus der Hand. Auch für mich ist es immer wieder faszinierend, wenn ich am Teich sitze und sofort die Aufmerksamkeit meiner Fische bekomme oder sehe wie Bekannte am Teich stehen und völlig fasziniert sind, auch wenn sie sonst keinen Bezug zu Koi haben.

Bleiben wir doch erst einmal bei diesem zutraulichen Verhalten. Zu weiten Teilen bin ich davon überzeugt, dass die Reaktion der Koi auch darauf beruht, dass sie meist etwas zu Fressen bekommen, sofern jemand an den Teich kommt. Sie sind also darauf konditioniert, dass es etwas zu Futtern gibt, wenn ein Mensch in Ihrem Blickfeld auftaucht. Jetzt kommt das ABER. Ich konnte ebenso feststellen, dass die Koi nicht auf alle Menschen gleich reagieren. Sie scheinen Unterschiede zu machen. Es gibt auch Geschichten von Koi, die nicht regelmäßig gefüttert werden und trotzdem einen hohen Menschenbezug aufbauen und sofort angeschwommen kommen. Woher also diese Zutraulichkeit kommt, kann ich nicht mit Gewissheit beantworten.

„Abgesehen von dem was uns Menschen viel Spaß bereitet, gibt es leider noch andere Verhaltensweisen, die jeder ambitionierte Koihalter über kurz oder lang, beurteilen können sollte."

Das Schwarmverhalten

Sofern es nicht gerade etwas zu fressen gibt, kann ein Schwarmverhalten darauf hindeuten, dass die Koi in Aufruhr sind. Wenn Gefahr droht oder ein Ereignis stattfand welches die Koi erschreckt hat, sammeln sie sich oftmals in einem Schwarm. Das kann sicherlich auch sporadisch auftreten, aber sollte so ein Schwarmverhalten dauerhaft vorhanden sein, liegt meist eine Störung der Fische vor, die man beheben sollte. Diese muss nicht zwingend von außen kommen. Auch schlechte Wasserwerte können in einigen Fällen ein Schwarmverhalten auslösen. Das Schwarmverhalten tritt außerdem nach dem Keschern auf, wenn ein oder mehrere Koi gefangen wurden.

Abliegen und Flossenklemmen

Ein weiteres Verhalten das der Koihalter erkennen sollte ist das Abliegen. Koi liegen dann auf dem Teichgrund ab. Meist in Bereichen in denen die Strömung nicht so stark ist. Gerade im Winter und bei kalter Überwinterung, um die 4 Grad, passen Koi ihren Stoffwechsel an und verharren in einer Art Ruheposition, um Energie zu sparen. Jedoch ist es ebenso möglich, dass auch im Hochsommer Koi abliegen. Das muss grundsätzlich nichts sein worum man sich Sorgen machen muss. Allerdings sollte der Koihalter darauf achten, welche Fische öfter abliegen und ob dies zu einem Dauerzustand wird, bei dem man eingreifen sollte. Beim normalen Abliegen strecken die Koi ihre Brustflossen zur Seite. Besonders aufmerksam sollte der Koihalter dann sein, wenn das sogenannte Flossenklemmen eintritt. Die Koi liegen dabei ab und haben die Brustflossen an den Körper gezogen. Sollte dies eintreten liegt meist ein Problem vor. Sollte ein Koi länger als 24h in so einer Position verharren, empfiehlt es sich weiterführende Informationen über einen Experten oder auf Koi spezialisierten Tierarzt einzuholen.

Einseitiges Flossenklemmen

Eine weitere Form des Flossenklemmens ist das einseitige Flossenklemmen. Teilweise schwimmen die Koi dabei auch noch durch den Teich ohne abzuliegen. Auch hier gilt es das ganze sorgfältig zu sondieren und gegebenenfalls zeitnah Maßnahmen zu ergreifen.

Das Scheuern

Ein sehr bekanntes Verhalten bei Koi ist das sogenannte Scheuern. Dabei reiben die Koi ihre Kiemen oder andere Körperteile gegen Wände, Bodenablaufdeckel und Kanten im Teich. Meist schießen sie regelrecht an diesen Dingen entlang. Scheuern gibt es in verschiedenen Ausprägungen. Hier ist deutlich zu unterscheiden in welcher Häufigkeit das Scheuern auftritt und ob es auch in Zusammenhang mit anderen Verhaltensweisen einhergeht. Sofern ein Koi sich einmal Scheuert, oder auch zwei oder drei Mal am Tag, sollte man noch kein Fass aufmachen. Einer der Gründe für Scheuern kann z.B. eine leichte Überfütterung sein. Sollten also einige Koi nach der Fütterung anfangen zu Scheuern, liegt dies eventuell an zu viel aufgenommenen Futter. Gerade die Fressmaschinen, die immer schneller als der Rest des Bestandes fressen, können dadurch schon mal ein wenig Kiemenzwicken bekommen. Scheuern tritt auch gerne im Frühjahr oder Herbst auf, wenn sich die Wassertemperaturen deutlich anpassen oder bei Pollenflug. Die Pollen von Pflanzen werden aufgenommen und reizen die Kiemen. Ebenso können Probleme im Gashaushalt des Teiches ein Scheuern auslösen. Dazu sollte man den PH-Wert, KH-Wert und die Art und Weise der Teichbelüftung unter die Lupe nehmen. Liegt der PH-Wert sehr hoch, reizt dies auch die Kiemen.

Sofern Koi im Minutentakt scheuern und dass über den gesamten Tag verteilt, spricht einiges dafür, dass starke Probleme vorliegen. Haut- oder Kiemenwürmer lösen so ein Scheuern bei Koi aus. Der Koihalter sollte also genau hinsehen und dann gegebenenfalls Maßnahmen einleiten.

Kiemenspülen

Wenn Koi an die Oberfläche kommen, Luft schnappen, dann abtauchen und die Luft aus Ihren Kiemen heraus blubbern, so dass Luftblasen aufsteigen, spricht man von Kiemenblubbern oder Kiemenspülen. Auch dieses Verhalten kann mehrere Ursachen haben. Der Auslöser kann in den Wasserwerten zu finden sein, aber auch bei Ein- oder Mehrzellern, die die Kiemen in Beschlag genommen haben. Leider und in manchen Fällen auch bei Inneren Problemen. Man sollte sich in so einem Fall die Sache genau ansehen, aber nicht in Panik verfallen. Ein Prüfen der Wasserwerte empfiehlt sich immer. Bei anhaltenden Symptomen sollte ein Abstrich veranlasst werden.

Das Springen

Es gibt diese Aussagen, dass Koi gerne mal aus dem Wasser springen und dabei Fliegen fangen. Aus meiner bescheidenen Perspektive, kann ich das nicht ernst nehmen. Sofern Koi springen liegt immer ein Problem vor. Koi springen nicht ohne Grund. Sie fressen Ihre Nahrung normalerweise vom Grund (in Koiteichen meist an der Oberfläche) und nicht aus der Luft. Wie beim Kiemenblubbern ist die Ursache in den Wasserwerten, Bakterien oder Würmern zu finden. Die Häufigkeit ist auch hier entscheidend über das weitere Vorgehen.

Schnappatmung

Sollten eure Koi direkt an den Rückläufen aus dem Filter stehen oder direkt unter einem Wasserfall und dabei ihr Maul ununterbrochen auf und zu machen, spricht einiges für einen Sauerstoffmangel. Die Koi versuchen sich in so einem Fall im Teich an Orten aufzuhalten, an denen ihnen die Atmung leichter fällt. Dabei saugen sie ständig Wasser auf und pusten es durch die Kiemen wieder heraus um somit an mehr Sauerstoff zu gelangen. Ihr solltet schnellstmöglich eine Belüftung installieren und eventuell für Frischwasser sorgen. Ein gravierender Sauerstoffmangel kann zum Tode führen. Allerdings kann ein konstant schlechter Sauerstoffwert auch Folgeerkrankungen verursachen, da die Tiere geschwächt sind.

Dies waren die meiner Meinung nach, in der Praxis am häufigsten auftretenden Verhaltensweisen, die ein Koihalter kennen sollte. Grundsätzlich muss jedem Koihalter bewusst sein, dass seine Tiere ihm durch sein Verhalten, bereits einiges aufzeigen können. Sicherlich ist auch ab und an schnelles Handeln notwendig. In den meisten Fällen sollte man jedoch Ruhe bewahren. Ruhe bewahren und die Koi genau beobachten. Meistens hat man 1-2 Tage Zeit die Lage gründlich zu sondieren und erst dann weitere Maßnahmen zu veranlassen. Und manchmal hilft auch schon ein Messen der Wasserparameter und ein kräftiger Wasserwechsel und die Koi helfen sich von alleine. Sollte man sich der Situation nicht gewachsen fühlen, oder unsicher sein, sollte man auf jeden Fall einen spezialisierten Tierarzt für Koi Karpfen hinzuziehen.

Die Grundausstattung eines Koihalters

Entscheidet man sich als Koihalter aktiv zu werden, braucht es einiges an Grundausstattung um ein erfolgreiches Teichmanagement zu gewährleisten. Im Folgenden gehe ich auf die wichtigsten Dinge ein, die ich als unverzichtbar am Koiteich halte.

Kescher sind definitiv etwas, dass für einen Koihalter unverzichtbar sind. Um Fische zu fangen oder umzusetzen, braucht man zwingend zwei Arten von Keschern. Ein **Rundkescher** mit mindestens 80 cm Kescherkopf dient dazu, Koi aus dem Teich zu fangen. Während ein Umsetzschlauch oder **Schlauchkescher** benötigt wird um einen Koi risikofrei aus dem Rundkescher in eine Wanne zu setzen, oder zurück in den Teich. Ich bevorzuge und empfehle dafür Schlauchkescher, welche das Wasser halten, da die Koi darin ruhiger sind und kein Keschernetz an den Schuppen reibt.

Inspektions- und Messwannen werden für verschiedene Zwecke eingesetzt. Sei es nun das Austüten neuer Koi, die Inspektion und das Behandeln verletzter Koi oder das Vermessen der Größe. Eine Wanne ist daher unverzichtbar. Ich empfehle sogar sich zwei Wannen zuzulegen. Eine Rundbowl mit 80 cm Durchmesser und eine 100 cm Messwanne mit eingeklebtem Maßband. Dadurch schafft man sich gleich mehrere Vorteile. Koi können ausgetütet und nochmals umgesetzt werden. Man kann Koi behandeln und in einer zweiten Wanne zum Aufwachen separieren. Mehrere Koi parken sofern es nötig ist und sie natürlich auch gleich vermessen.

Sofern sich Koi Schuppen ausschlagen müssen Wunden auch mal desinfiziert werden. Dazu gibt es geeignete **Desinfektionsmittel**, welche sich aufsprühen lassen. Diese gehören in jede Koi-Hausapotheke.

Leider sind Koi gerade in der Sommerzeit sehr aktiv und natürlich nicht immer gewillt eine Behandlung über sich ergehen zu lassen. **Betäubungs- oder Beruhigungsmittel** benötigt man als Koihalter daher ebenso. Erst dann lassen sich Abstriche oder Behandlungen vernünftig durchführen.

Eine **Pinzette** benötigt man als Koihalter zum Ziehen von entzündeten Schuppen. Oftmals fallen beschädigte oder entzündete Schuppen von selbst ab. Jedoch kann es vorkommen, dass diese gezogen werden müssen um eine Wundbehandlung durchzuführen, oder eine bessere Heilung der entzündeten Stelle zu gewährleisten.

Zwei bis drei **Laichbürsten** können bei Bedarf in den Teich gehängt werden um die Koi beim Ablaichen zu unterstützen. Sollte das

Treiben im Teich beginnen, werden die Koi gegen jede Kante Ablaichen, die sie finden. Um Verletzungen vorzubeugen, dienen Laichbürsten. Diese werden relativ frei in den Teich gehängt und bestehen aus einem weichen Material. Hier können die Koi ihren Laich abstreifen ohne sich zu verletzen. Nach der Prozedur kann man die Bürsten entnehmen und den Laich entsorgen.

Die entscheidenden Wasserparameter

Im letzten Kapitel möchte ich noch auf die Wasserparameter eingehen. Auch ein Thema das immer wieder Fragen aufwirft und oft diskutiert wird. Es ist natürlich auch ein entscheidendes Thema, dass maßgeblich auf das gesamte Teichklima und das Wohlbefinden, sowie die Gesunderhaltung der Koi, Einfluss nimmt. Ich möchte dieses Thema einmal ganz praktisch betrachten. Es gibt natürlich unzählige Parameter die wir als Koihalter messen können, aber eben auch einige die nur schwer zu erfassen sind. Und wiederum andere, welche zwar interessant, aber eigentlich unwichtig sind.

Betrachtet man die Praxis, also den Betrieb des Teiches Zuhause, gibt es tatsächlich nur wenige Parameter die ich für wirklich wichtig erachte und die man als Koihalter auf dem Schirm haben sollte. Das wären vor allem die Werte für Ammonium (NH4), Nitrit (NO2), Karbonathärte (KH), der pH-Wert, die Temperatur und der Sauerstoffgehalt in mg/l.

Womit und wie oft messen

Wer viel misst, misst Mist. Ja, das stimmt leider. Ungeeignete Messmethoden gibt es zuhauf. Leider sind die meisten Möglichkeiten auch mit einer gewissen Fehlertoleranz behaftet, so dass es vorkommt, dass Messergebnisse teilweise keinen Sinn ergeben. Die für den Privatanwender genaueste Methode ist ein Photometer. Über den Zusatz von diversen Chemikalien in die Teichwasserproben, wird mit Hilfe von Lichtbrechung der zu messende Wert ermittelt. Diese Variante ist sehr genau, aber die Messgeräte sind teuer. Ich bin nicht überzeugt, dass sich ein ambitionierter Koihalter zwingend ein Photometer kaufen muss. Ich vertrete die Auffassung, dass es ausreicht mit sogenannten **Tröpfchentest** zu arbeiten. Diese gibt es meist für alle relevanten Parameter in einem Messkoffer, zu dem sich die Chemikalien auch nachkaufen lassen. Die Tröpfchentest bringen bei korrekter Anwendung relativ genaue Messwerte die meiner Überzeugung nach ausreichen, um Tendenzen im eigenen Teich aufzuzeigen. Abraten möchte ich von sogenannten Stäbchentest. Im Selbstversuch zeigten diese bei ständiger Wiederholung komplett unterschiedliche Messwerte an. Ich konnte alle drei erwähnten Messvarianten gegeneinander abgleichen und sehe daher die Tröpfchentest als die praxisrelevanteste Methode, zur Messung der Wasserwerte.

Die Häufigkeit mit der man seine Wasserwerte messen sollte hängt am Ende davon ab, wie gut man seinen Teich kennt und wie gut das Management ist. Regelmäßige Wasserwechsel, eingelaufene Biofilter und konstante Futtermengen bei angepasster Belüftung, haben eine enorm stabilisierende Wirkung auf die Parameter. Und das muss letztendlich auch das Ziel sein. Koi lieben die Stabilität der Parameter und reagieren empfindlich auf starke Schwankungen ihrer Umwelt. Wird ein Teich neu besetzt, sollten die Parameter tatsächlich genauer und regelmäßiger beobachtet werden. Ein tägliches Messen in den ersten Wochen schafft Gewissheit wie gut der Teich einläuft. Bei bereits länger laufenden Teichen empfehle ich eine Messung einmal die Woche. Und bei Leuten die sich wirklich schon sicher sind was Sie tun, trotzdem alle 2 Wochen. Warum diese Regelmäßigkeit? Da es nun mal vorkommt, dass ein Teich auch äußeren Einflussfaktoren unterliegt, ist ein Messen in regelmäßigen Zeitabständen niemals verkehrt. Zudem ist es so, dass der Auslöser für Probleme bei den Koi, meistens 1-2 Wochen vor dem eigentlichen Auftreten liegt. Hat man nun eine kontinuierliche Messreihe, lässt sich der Auslöser wohlmöglich anhand der Messergebnisse bestimmen und man kann sein Teichmanagement verbessen oder weiß überhaupt erst wonach gesucht werden muss, um ein Problem zu beseitigen. Die Messergebnisse sollten daher auch immer dokumentiert werden. Meine Empfehlung ist eine Art kleines Teichtagebuch. Dort lassen sich auch andere Dinge eintragen, die einem am Teich oder an den Fischen aufgefallen sind. Somit hat man eine einwandfreie Dokumentation die nicht nur einem selbst, sondern auch einem Koi-Tierarzt helfen kann, sollte es notwendig werden einen zu kontaktieren. Solche Journale gibt es natürlich auch als APP für das Handy.

Die Interpretation der Parameter

Fangen wir mit dem Stickstoffkreislauf an. Durch die Nahrungsaufnahme der Koi, wird der Verdauungsprozess ausgelöst. Der Koi fängt dabei an Ammonium über seine Kiemen auszuscheiden. Es ist ein Abfallprodukt welches er, wie den Kot auch, loswerden muss. Das Ganze macht er nicht aktiv, sondern über ein Konzentrationsgefälle. Solange die Konzentration an Ammonium im Teichwasser geringer ist wie im Koi, diffundiert das Ammonium über die Kiemen in das Teichwasser. Nachdem das Ammonium im Wasser ist, wird es über den Filterkreislauf an den Filterbakterien vorbeigeführt. Diese können das Ammonium verstoffwechseln und bauen es zu Nitrit um. Ammonium, wie auch Nitrit, sind in hohen Konzentrationen giftig für den Fisch. Genau deswegen brauchen wir auch einen aktiven Biofilter der dafür sorgt, dass die Konzentration der beiden Stoffe im Teichwasser immer gering bleibt. Ebenso wie das Ammonium wird auch das Nitrit im Filter weiterverarbeitet. Wieder andere Mikroorganismen wandeln es letztendlich in Nitrat um, welches für die Koi ungiftig ist. Nitrat ist am Ende ein Nährstoff für Pflanzen wie auch Algen. Daher versucht man über regelmäßige Wasserwechsel am Koiteich, auch den Gehalt des Nitrats gering zu halten, da es hierdurch verdünnt wird.

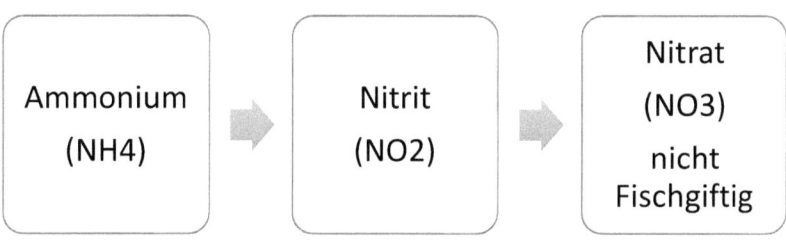

„Für den Koihalter ist es wichtig zu wissen, dass hohe Ammonium Werte bei gleichzeitig hohen pH-Werten dazu führen, dass sich das Ammonium in Ammoniak umwandeln kann. Ammoniak ist ein Fischgift und kann ganz schnell dazu führen, dass ein Bestand zugrunde geht."

Daher sollte darauf geachtet werden, dass man grundsätzlich immer sehr niedrige Ammoniumwerte in seinem Teichwasser hat. Sollte dies nicht so sein, ist der Teich neu und der Biofilter noch nicht richtig eingefahren oder im anderen Fall der Teich alt und der Biofilter beschädigt oder an seiner Kapazitätsgrenze angelangt. Hohe Ammoniumwerte führen wie bereits beschrieben auch dazu, dass sich das Konzentrationsgefälle umkehrt und der Fisch das Ammonium nicht mehr ausscheiden kann. Er geht dann an einer inneren Ammoniumvergiftung zugrunde.

Ähnlich verhält es sich mit dem Nitrit. Tatsächlich tolerieren Koi hohe Nitritgehalte im Teichwasser außerordentlich lange. Allerdings ist dies auch ein Zeichen dafür, dass der Biofilter noch nicht eingelaufen ist, oder nicht richtig arbeiten kann, bzw. überfordert ist. Man sollte beachten, dass es völlig normal sein kann in den Abendstunden Nitritgehalte von 0,1 bis hin zu 0,2 zu messen. Dies liegt daran, dass an einigen Teichen tagsüber viel gefüttert wird und die Ammoniumausscheidungen im Filter erstmal zu Nitrit umgewandelt werden. Sollte allerdings am nächsten Morgen der Gehalt an Nitrit nicht deutlich nach unten gegangen sein, wird es Zeit etwas am Teichmanagement zu ändern.

Während der Einlaufphase von Teichen, oder bei Problemen, die zu hohen Nitritgehalten führen, kann man die Giftigkeit des Nitrits für den Koi blockieren. Dazu wird Salz verwendet. Bereits 150 Gramm auf 10.000 Liter reichen aus das Nitrit für den Fisch unschädlich zu machen. Es verschwindet dadurch nicht, aber die Aufnahme an den Kiemen zurück in den Koi, wird blockiert. Somit hat der Koihalter ein wenig mehr Zeit das Problem zu beheben.

Die Karbonathärte des Wassers ist aus meiner Sicht ganz besonders wichtig. Über diese regulieren sich fast alle biochemischen Prozesse, die für uns im Koiteich wichtig sind. Vor allem steht die Karbonathärte in einer Dreiecksbeziehung mit dem pH-Wert und dem bisher unerwähnten CO_2 Wert. Den CO_2 Wert braucht niemand messen. Er lässt sich errechnen, wenn pH und KH bekannt sind. Zusätzlich zum Ammonium, scheiden die Koi auch CO_2 als Abfallprodukt ihres Stoffwechsels aus. Die Erhöhung des CO_2 im Wasser bewirkt chemisch eine Reduzierung des pH-Wertes. Oftmals kann der Koihalter dies im Sommer feststellen, wenn viel gefüttert wird. Die Koi scheiden dann mehr CO_2 aus und der pH-Wert sinkt ab. Übrigens:

„Durch starke Belüftung des Teiches wird CO_2 ausgetragen. Bei übermäßiger Belüftung kann dies dazu führen, dass sich der pH-Wert aufgrund dessen unnötig erhöht."

Was macht nun der KH-Wert bei der ganzen Sache?

Die Karbonathärte im Wasser fungiert als Puffer für den pH-Wert. Solange KH vorhanden ist, kann der pH-Wert nicht wesentlich unter 7,0 abfallen. Die Koi sollten in einem Milieu gehalten werden, dass einen pH-Wert von **6,8 bis 8,5** aufweist. Das ist eine große Spanne. Natürlich sind Minimum und Maximum die Extremwerte. Diese

Extreme bergen durchaus Risiken. Daher möchte ich den Korridor etwas enger fassen. Ein pH-Wert zwischen **7,0 bis 7,8 empfinde ich als optimal.** Das Wichtigste hierbei ist die Stabilität! Solange der pH-Wert stabil ist und maximal um 0,1 bis 0,2 während der Woche schwankt, hat der Koihalter alles richtiggemacht. Und der KH-Wert hilft dem Koihalter dafür zu sorgen, dass der pH-Wert nicht unter 7,0 abfallen kann.

Leider verbraucht sich die Karbonathärte durch biochemische Prozesse. Vorwiegend sind da die Filterbakterien zu nennen, die den Kohlenstoff aus den Karbonaten zur Zellteilung benötigen.

„Sollte der Koihalter keinen Wasserwechsel machen, der die KH regeneriert, wird diese irgendwann auf 0 abfallen. Dies ist der Zeitpunkt an dem kein Puffer mehr vorhanden ist und ein pH-Sturz ausgelöst wird. Ein Wasserwechsel wird immer mit Trinkwasser gemacht, da Regenwasser keine Karbonathärte enthält!"

Der pH-Wert sackt in den Keller und in Bereiche bei denen die Koi Schaden nehmen und sogar schnell sterben können. Auch die Filterbakterien vertragen so einen Abfall nicht. Daher ist es immens wichtig ausreichende Wasserwechsel zu machen um unter anderen die KH zu erhalten. Mitunter ist es sogar notwendig, KH manuell zuzuführen. Die ist z.B. mit Natriumhydrogencarbonat möglich, welches man als Pulverform erhalten kann. Somit lässt sich die KH gezielt erhöhen oder stabil halten.

Ausgehend meiner eigenen Erfahrungen und vielen Gesprächen mit Händlern und anderen Koihaltern bin ich zu der Erkenntnis gekommen, dass **ein stabiler KH-Wert von 5-8** als optimal zu bezeichnen ist. Dann besteht immer genügend Nachschub für die Filterbakterien und genügend Puffer für den pH-Wert. Es ist mitunter ein wenig Übung notwendig den KH-Wert in diesem Bereich zu halten. Die ausreichende Menge an Wasserwechsel oder in Kombination mit Natriumhydrogencarbonat, muss am eigenen Teich erst gefunden werden.

Ebenso großen Anteil an den biochemischen Prozessen im Koiteich hat der Sauerstoffgehalt. Die Koi brauchen Sauerstoff zum Atmen. Auch die Filterbakterien brauchen Sauerstoff zum Atmen. Ohne Sauerstoff ist ein Koiteich verloren. Man sollte wissen, dass warmes Wasser weniger Sauerstoff lösen kann, als kaltes Wasser. Daher ist bei einer Messung des Sauerstoffwertes auch die Teichtemperatur mit einzubeziehen. Über Tabellen kann dann umgerechnet werden, wie hoch die Sauerstoffsättigung im Teich ist und ob diese die Lebensstandards der Bewohner erfüllt. Tatsächlich sind Koi über begrenzte Zeit sehr tolerant was den Sauerstoffgehalt angeht. Jedoch sollten Werte von 7,5 mg pro Liter nicht langfristig unterschritten werden. Die Fische müssen darunter viel Energie aufwenden um noch genügend Sauerstoff über die Kiemen zu gewinnen. Optimaler Weise liegt der Sauerstoffgehalt in Bereichen von 8 bis 11 mg/l. Schwankungen sind auf Grund der Jahreszeiten, Wassertemperatur und auch der Photosynthese der Algen im Teich möglich. Gerade tagsüber bei Sonnenschein produzieren Algen Unmengen an Sauerstoff. Problematisch werden dann die Nächte. Ohne das Sonnenlicht kehrt sich der Prozess um und die Algen verbrauchen den Sauerstoff und scheiden CO_2 aus. Daher sollte ein Koiteich immer über eine ausreichende technische Belüftung verfügen und eine ausreichende Wasserbewegung an der Oberfläche, die dafür sorgen, dass Sauerstoff in das Wasser eingetragen wird.

Dies waren die meiner Meinung nach sechs wichtigsten Wasserparameter die ein Koihalter kennen und messen können sollte. Es ist wichtig auch die Zusammenhänge zu verstehen, also wie sich einzelne Parameter gegenseitig beeinflussen können. Denn manchmal sucht man an der falschen Stelle, obwohl ein anderer Parameter oder eine selbst getroffene Maßnahme der Auslöser für ein Problem sein kann.

Schlusswort

Du hast das Buch nun gelesen und viele Informationen erlangt, die dir unter anderen ermöglichen deinen Koiteich zu bauen, zu betreiben, deine Koi zu kaufen, einzusetzen, richtig zu füttern und auf ihre Gesundheit zu achten. Ich habe versucht alle Informationen nach dem neuesten Stand und den aktuellsten Erkenntnissen aufzubereiten, die uns im Jahr 2023 vorliegen. Ich habe weiterhin versucht die Infos einfach und praxisgerecht darzustellen und die prägnanten Themen aufzugreifen.

Das Wichtigste allerdings kann ich dir nicht mitgeben. Es handelt sich um die Erfahrung die man mit der Zeit selbst erlangt. Und die kann im Grunde durch nichts ersetzt werden. Es ist essentiell die Basics zu kennen, wie sie in diesem Buch geschrieben stehen. Aber am Ende handelt es sich bei Koikarpfen um Lebewesen, die als solche mit der entsprechenden Zuwendung versorgt werden müssen. Denn kein Tier ist gleich. Und auch der Teich wird maßgeblich durch organische Vorgänge beeinflusst, welche dazu führen, dass kein Teich derselbe ist. Jemand der seinen Teich kennt und ebenso seine Fische, wird am Ende ein guter Koihalter sein.

Sofern du weiterführende Informationen suchst, oder einfach Inspiration oder Unterhaltung zum Thema Koihaltung und Koihobby, empfehle ich dir:

Meine Webseite und den YouTube-Kanal

www.teichundgarten4you.com

Persönliche Notizen: